琉球新報が挑んだ

ファクトチェック

フェイク監視

琉球新報社編集局 編著

高文研

◆――はじめに

はびこる虚偽とヘイトを正す新聞の役割果たしたい

琉球新報社編集局・編集局長　松元　剛

1990年代の後半以降、沖縄にも大容量のデータを容易にやりとりできる光回線などが着々と整い、情報通信（IT）企業の進出が進み、約3万人の雇用を生み出した。2018年の年間観光客数が1千万人まであと千人まで迫り、好調を維持する観光産業とともに、IT産業は沖縄に好況をもたらす要因となっている。まだ十分でない面があるが、情報通信環境の整備により、遠く離れた本土の大都市圏との情報格差、離島県の経済的不利性は徐々に克服されてきた。

一方、90年代から大きく普及したインターネットは、誰もが情報を受ける側と発信する側に立てる社会変革を生み出し、インターネットの登場前から口コミや怪文書を含む紙の世界などで流通していたフェイク（虚偽）やヘイト（憎悪扇動表現）がたちどころに広がる力を増幅した。誰が発信者か分からない匿名が担保されることが拍車を掛け、沖縄を狙い撃ちするフェイクやヘイト言説の温床にもなっている。

いつでもどこにいても情報をたやすく送受信できるスマートフォンの普及と、ツイッターやフェイスブックが象徴するソーシャルメディア（SNS）の発展により、フェイクやヘイトの拡散力はさらに強まり、真実に基づいて律されるべき社会のさまざまな分野に悪影響を与えている面もある。古田大輔さん（ジャーナリスト／現・メディアコラボ代表）によると、18年3月に公開された研究「真実と嘘のニュースの拡散」は、ツイッター上では、フェイクが真実のニュースより7割高い確率でリツイートされている実態を明らかにした。古田さんは「斬新で奇抜な嘘を好む情報の受け手」の問題性を指摘している。

米軍普天間飛行場の名護《なご》市辺野古《へのこ》への移設を伴う新基地建設を巡り、沖縄の民意を無視して埋め立て計画を強引に進める安倍政権に対峙する沖縄県政や市民運動、そして政権に批判的立場を取る県紙に対しても、虚偽や誤解が同居するむき出しの憎悪と偏見に満ちた言葉の牙がむかれる状況が続いている。「嫌中」「嫌韓」と並び、いびつな「嫌沖」の言説がはびこっていると言わざるを得ない。

根拠なく沖縄を蔑《さげす》み、おとしめる言説が爆発的に拡散したのが２０１８年9月の沖縄県知事選挙だった。翁長雄志《おながたけし》知事の急逝に伴い、辺野古新基地ノーを継承する後継候補の玉城デニー氏と、安倍政権が全面支援した佐喜真淳《さきまあつし》氏の事実上の一騎打ちとなった選挙の告示前から、ネットやSNS上で、特定候補者の落選に照準を絞った事実無根の誹謗《ひぼう》中傷が飛び交った。かつて「紙爆弾」と呼ばれた怪文書とは比べものにならない規模で、悪質な情報が一気に駆け抜けた。

琉球新報編集局はこうした状況を憂慮し、当時の普久原均編集局長（現営業局長）と松永勝利次長兼報道本部長（現読者事業局特任局長）が、「誤りを正さなければ、虚偽の情報によって民主主義の根幹である選挙の結果が左右されかねない。正しい情報に基づいて、有権者が投票行動を取るよう、選挙報道に新機軸を打ち出せ」と、知事選取材班に指示した。ネット上などの情報や政治家の発言の正確性を検証する「ファクトチェック」（真偽検証）を選挙戦中に実施することを決断した琉球新報は、選挙報道の原則である「公正中立」を保ちつつ、フェイク情報を正し、有権者に影響を与える誤った情報を正す報道に踏み切った。

沖縄県知事選に7カ月先立つ、18年2月の名護市長選挙で、辺野古新基地を拒む現職候補がネットやＳＮＳ上での情報発信で相手陣営に圧倒され、現職に不利に働く「プロ野球日ハムの名護キャンプ撤退」の虚偽情報が席巻《せっけん》した。取材を尽くしたものの選挙報道の原則に縛られ、選挙中のネット情報の真偽をただす記事化を見送った。現場記者たちに「落選運動を意図した虚偽の情報が選挙結果（現職の落選）に影響を与えることに歯止めを掛けることができなかった」（知事選取材班キャップの滝本匠東京支社報道部長）という強い反省を残した。その悔いも、選挙戦中にファクトチェック報道を始める原動力として作用した。

２０１３年にインターネットを用いた選挙運動が解禁され、有権者の３割がネットを参考にしているというデータがある。有権者の政治参加を促す改革だったが、虚偽の情報が振りまかれ、必ずしも健全な選挙運動に結び付いたとは言えない。

毎日新聞の座談会で、評論家の荻上チキ氏は新聞の役割について、「人々の関心が高まる中、適切な情報が届かないと、偽情報であるデマに人々が飛びつき、流言が拡散する。社会的公平性を目指すメディアは、あいまいな情報を止め、流言を広めないようにすることが重要だ」と指摘した。

本書で紹介したファクトチェック記事は、20万に上るＳＮＳ上の記述を徹夜で検証した記者に象徴されるように、愚直なまでに事実に肉薄した、地を這《は》うような取材の結晶である。他のメディアに比べ、記事への信頼性が高い新聞ジャーナリズムのあるべき姿を、新たな手法で打ち出せたのではないか。

琉球新報のファクトチェック報道に関し、ジャーナリストの津田大介氏は「国内の選挙で、ファクトチェックが効果的に機能した初の事例だ。選挙期間中に虚偽情報を打ち消すことに意義があり、有権者が誤った情報を基に投票することを防ぐ公共性がある」と評価した上で、「選挙前に候補者に通告して公平性を担保し、デマはリアルタイムで紙面、ウェブ上で訂正した方がいい」と提起してくれた。

さまざまな情報がもつれ合い、何が正しくて、何が間違っているのかが判然としない情報氾濫社会には危うさが付きまとう。フェイクが民主主義の根幹を支える選挙の場に持ち込まれ、過剰な中傷や偏見が跋《ばっ》扈《こ》するようになると、分断を仕向けられた有権者の政治への関心さえ奪いかねない。沖縄への理不尽な言説はその悪しき象徴でもある。不都合な真実から国民の目を背けることに長けた今の政権の体質も相まって、日本社会が狭量と独善の色合いを濃くすることに歯止めをかけねばならない。

「沖縄は米軍基地がないと食っていけない」「反基地運動に身を投じる人は日当をもらったプロ市民」など、虚偽を土台にした攻撃にさらされている基地の島・ＯＫＩＮＡＷＡで挑んだファクトチェック関連報道、そして、フェイク情報の発信源をとことんまで追った連載「沖縄フェイクを追う～ネットに潜む闇」が、この国の民主主義の軌道を正し、憎悪や偏見が物事の本質から目や耳を遠ざけることを防ぐ一助になれば、と願っている。

ファクトチェック報道は、２０１８年の第24回平和・協同ジャーナリスト基金賞、18年度の第23回新聞労連ジャーナリズム大賞のいずれもグランプリを受賞した。まだ走り出したばかりの挑戦的報道に高い評価をいただき、大いに励みになり、沖縄のメディアとして果たすべき役割をあらためて自覚している。

ファクトチェックには、短期間で事実か否かを検証し、判定する困難さも付きまとう。さまざまな課題を改善し、今後の報道に生かすことで、沖縄に横たわる不条理が全国の課題であることを照らしだし、その克服につなげたい。より複眼的に基地問題の虚構を理解するため、本書と併せて、『これだけは知っておきたい・沖縄フェイク（偽）の見破り方』（高文研）も手に取っていただければ幸いである。

◆——もくじ

Ⅱ章　ドキュメント　琉球新報に見るファクトチェック・フェイク監視

❖県知事選挙から辺野古県民投票まで（▽印はファクトチェック記事）

▽18・9・8　虚構のダブルスコア　知事選「世論調査」は偽情報　34
▼18・9・15　SNSで政策浸透　候補者はネット重視　35
▼18・9・20　政策より中傷を拡散　主要候補「辺野古」に触れず　36
▼18・9・20　県知事選、SNS分析　ネット選挙、目的逸脱も　38
▼18・9・20　公選法違反46件警告　違反行為が横行、学校近くの幕は撤去も　45
▽18・9・21　一括金導入「デニー氏関与せず」は偽情報　民主党政権時代に創設　48
▼18・9・22　出馬表明前の投稿　つぶやきににじむ信条　50
▼18・9・22　社説＝知事選のネット投稿　民主主義壊すデマの拡散　53
▽18・9・24　安室さんが特定候補支援は偽情報　支持者が投稿、陣営は否定　55
▽18・9・25　公約「携帯料金を削減」↓知事や国に権限なし　56
▼18・9・26　真偽不明情報が大量拡散　国会議員、首長経験者も発信　58
▼18・9・26　ネットに虚偽情報横行　候補者へ誹謗中傷　60
▼18・9・27　『ゆくさー』は強い表現だった」　遠山氏、投稿を釈明　62
▼18・9・28　「つぶやかれ数」で差　批判・攻撃、依然多く　63
▼18・9・29　投開票日直前　政策への投稿増　65

▼18・9・30　終盤にはSNSで支持者が多く投稿　攻撃拡散する人も　66
▼18・10・3　玉城さん殺害予告が複数　批判受け削除も　67
▼18・10・4　ファクトチェックで正しい情報を　困難伴うネットデマ検証　68
▼18・10・4　デマ氾濫する異常なネット空間　「偽情報」信じる有権者ら　70
▼18・10・6　ファクトの重み実感　中傷拡散の抑止、検証で一定効果　72
▼18・10・6　若者、SNS上の企画で存在感　「何かやらないと後悔に」　74
▼18・10・6　「沖縄、終わった」　知事選結果に相次ぐ中傷拡散　76
▼18・10・16　ファクトチェック　言説検証に新手法　78
▼18・10・28　知事選報道の成果報告　ファクト検証巡り議論　80
▽18・11・16　菅官房長官、普天間巡り誤答弁　81
▼18・12・31　中傷を自動で拡散　ボット機能使い瞬時に発信　82
▼18・12・31　ヘイト増幅にボットを悪用　候補者投稿も自動拡散　84
▼18・12・31　特定の候補を攻撃　選挙後、削除相次ぐ中傷ボット　86
▼18・12・31　選挙結果動かす恐れ　識者「即座の反応避けて」　87
▼19・1・1　情報の荒波を渡れ　フェイクに流されないニュースの読み方　88
▽19・1・8　辺野古埋め立て　首相「あそこのサンゴは移植」は事実誤認　92
▼19・1・8　「フェイク」過去にも　政権、基地関連で印象操作　94
▼19・1・9　社説＝首相サンゴ移植発言　フェイク発信許されない　96
▽19・1・9　SNSで誤情報拡散　×市町村が経費負担、○県が全額交付　98

▼19・1・10　単眼複眼＝「サンゴ移植している」　首相発言、波紋広がる　99
▼19・1・10　金口木舌＝ファクトチェック広がる予感　101
▼19・1・16　社説＝政府デマ抑止対策　「表現の自由」が前提だ　102
▼19・1・31　金口木舌＝政府によるフェイク発信　104
▽19・2・4　なりすましで「賛成に○を」　そっくりアカウント、指摘後削除　105
▼19・2・4　ゆくい語り・沖縄へのメッセージ
＝差別の大衆化に警鐘―**安田浩一さん**　106
▽19・2・11　県民投票連絡会が「賛成に○」？　酷似横断幕、画像加工か　112
▼19・2・14　投稿は知事選の1割　ツイッター上の議論少なく　113
▼19・2・14　「金の無駄」「民意示そう」　予算、意義に賛否両論　114
▽19・2・14　SNSに誤情報　×県が「反対」呼び掛け、○県が「参加」呼び掛け　116
▼19・2・15　若者たちが考える県民投票　ファクトチェック特別講座編　116
▼19・2・17　否定的投稿が増加　ツイッターで不参加呼び掛けも　120
▽19・2・23　不確か情報チラシ拡散　最高裁判決を曲解　121
▼19・2・23　「偽・憎悪」サイト減少　つぶやき、知事選の6割　123
◆**公式ツイッターに設けた「質問箱」の試行**
＊県民投票で質問箱設置　125
＊中国脅威論や琉球新報のスタンスへの質問も　126

装丁＝商業デザインセンター・増田　絵里

【編集　注】

■本書は琉球新報で連載した「沖縄フェイクを追う～ネットに潜む闇」と、２０１８年９月から２０１９年２月（沖縄県知事選挙から辺野古県民投票まで）の紙面からファクトチェック関連の記事を抜粋して再構成し、加筆、編集したものです。

■紙面掲載時は特定の立候補者や陣営に利することにならないよう、候補者の氏名を伏せましたが、書籍化に当たり実名とします。

■ファクトチェック　Ⅱ章で文章の冒頭に上のロゴマークが入っているものは、琉球新報紙面で「ファクトチェック」をした記事です。

■琉球新報社は２０１８年の沖縄県知事選挙以降、候補者のツイッター（短文投稿サイト）でのつぶやきやその拡散状況の分析などを、インターネット上で書き込まれた事件や災害などの情報を報道機関にリアルタイムで発信し、さらにツイッター上での検索サービスを手掛けるスペクティ社（東京　村上建治郎社長）の協力で実施しました。

■文中に登場する人物の年齢、肩書き、役職などは、原則として新聞紙面掲載当時のものです。

【本書のための基礎用語＝案内】

◆**アカウント**＝登録者　◆**インスタグラム**＝写真に特化したSNS　◆**インフルエンサー**＝情報拡散力の強い人　◆**エコーチェンバー**＝反響室。同じ意見の人同士の閉じた間で意見交換することで、自分の意見がより増幅される　◆**サイト**＝インターネットで情報が保管されているサーバーやネットワーク　◆**シェア**＝共有　◆**ソーシャルメディア**＝インターネット上で不特定多数がコミュニケーションを取ったり、情報の共有、拡散できるメディアの総称　◆**ツイート**＝投稿、つぶやき　◆**ツイッター**＝短文投稿サイト　◆**ツール**＝「道具」の意味を持つ英単語。インターネット上で特定の目的のために用意された機能　◆**ドメイン**＝ネット上の住所　◆**ファクトチェック**＝事実の検証　◆**フィルターバブル**＝検索結果が個々の嗜好にそった情報しか手に入らなくなる例え　◆**フェイク**＝偽　◆**フェイクニュース**＝偽情報　◆**フェイスブック**＝会員制交流サイト　◆**フォロー**＝SNSで特定のアカウントの投稿を追うこと　◆**フォロワー**＝特定のアカウントをフォローしている登録者　◆**ブログ**＝インターネット上の日記　◆**プロバイダー**＝インターネットの接続サービスを提供する事業者　◆**ヘイト**＝憎悪　◆**ポータルサイト**＝インターネットにアクセスするときに入口となるウェブサイト　◆**ボット**（bot）＝ツイッターの機能を使って作られた機械による自動発言システム　◆**モバイル**＝携帯電話やノートパソコンなどでする移動式の通信　◆**ユーチューブ**＝動画投稿サイト　◆**リツイート**＝再投稿　◆**リプライ**＝返信　◆**LINE@**＝通信アプリ「LINE」のビジネス向けのアカウント。利用者に一斉にメッセージを送ることができる　◆**SNS**＝会員制交流サイト

Ⅰ章

琉球新報のファクトチェック

偽情報
取り上げられた事柄がそもそも存在しない情報

1　ファクトチェックとは何か？

琉球新報はなぜファクトチェックを始めたのか。おそらく地方紙では初めてとみられるファクトチェックという報道スタイルは、琉球新報が2018年9月の沖縄県知事選挙で実施したのが初めてだった。ある言説に対して事実を調べ、事実をもってその言説の事実検証をする――。実はその手法は通常の取材―記事出稿の流れと何ら変わることはない。ある意味では調査報道そのものであり、根底には、沖縄が置かれてきた状況を反映する沖縄ジャーナリズムの一形態とも言えるかもしれない。

ファクトチェックは県知事選で終わらず、その後も県民投票や他の選挙、政治家の普段の言動をも対象として続けている。

❂ファクトチェック以前―はびこる沖縄フェイク

ファクトチェックを始めた経緯に答えるためには、20年近く時をさかのぼらなければならない。

以前からインターネット上の掲示板などのサイトでは、沖縄の基地問題を巡って事実とは異なる書き込みが散見されていた。「沖縄の基地は何もないところに造られた」「沖縄は基地で食っている」などだ。

だがその頃は今とは違い、まだ「ネットは趣味の世界」「ネットに詳しい人同士の場」であり、閉じたネット空間の中での限定的な話との印象が強かった。ほかにも追うべきネタがある中で、紙の新聞が追い掛ける対象としての優先度は高くなく、放置されてしまっていたのが現実だった。少なくとも私はそうだった。

だがそれから数年がたって状況は変わる。

取材で話をよく聞く大学教授と話していたときのことだ。教授がこぼした。「最近の学生がネット上のデマをうのみにして話をしている」。基地問題について議論しようにも、その前提となる認識がネットで広がるデマを基本にしたものでかみ合わないというのだ。若者に新聞が読まれていない、そんな情勢も影響していたかもしれない。沖縄フェイク（沖縄を巡る誤った言説をわれわれはそう呼んだ）が、閉じたネット空間に限定的なものからリアルな世界に浸潤してきているのを実感させられた。

沖縄フェイクがはびこる実態は放置できないと編集局も乗り出す。ネットで取りざたされているデマについて、正しい事実はこうだとデマを「ただす報道」を始めた。

「ただす報道」は断続的に続いた。ネットでは、デマを打ち消しても、忘れたころにゾンビのようにまたまん延してくる。

そんな中で、ある出来事が起こる。２０１５年に自民党の勉強会で「沖縄の新聞はつぶさないといけない」などと発言した作家の百田尚樹《ひゃくたなおき》氏が、メールマガジンで普天間飛行場について「周囲に家など何もない畑と荒地の中に造られた」「騒音がうるさい基地のそばにわざわざやってきたのは住民」と誤った情報を拡散した。その後もネット上で同趣旨の書き込みを繰り返した。影響力の大きい作家の発言ともあって、それをただすため普天間《ふてんま》飛行場の立地場にはもともと集落や役場もあった事実に多くの紙面を割いた。

打ち消してもまた立ち上がるデマ。過去に同じような記事を載せていても、デマが出るたびに改めて記事を掲載する。新聞は既に書いたことはあまり再掲しないことが多いが、沖縄フェイクに対してはその原則とは一線を画して、ただす報道を繰り返してきた。

定型の沖縄フェイクの是正例をまとめた『これだけは知っておきたい・沖縄フェイク（偽）の見破り方』（高文研）も上梓した。沖縄県知事選のファクトチェックもその延長線上にあると考えている。

✪沖縄県知事選挙でのファクトチェック

琉球新報が２０１８年９月30日に投開票された沖縄県知事選で実施したファクトチェックは、日本の地方紙では初めての試みだったとみられる。従来の「ただす報道」の延長とはいえ、県知事選で初めてファクトチェックを実施するきっかけの一つに、県知事選から７カ月さかのぼる名護《なご》市長選挙があった。

名護市は、プロ野球の日本ハムファイターズの春季キャンプを沖縄で早くから受け入れてきた。いわばプロ野球キャンプ地の老舗《しにせ》だ。名護市長選の街頭演説などで「日ハム撤退」との情報が流れていた。

球団に確認すると、撤退ではなく施設改装のための一時移転だということが分かった。ただ、候補者自身の発言や政策でもない発言は、従来の選挙報道にならって、特段それをただす報道はしなかった。

投票後、有権者が「日ハム撤退」を真に受けて話している様子を知った。この偽情報が有権者の投票行動にどう影響を与えたのか、与えなかったのかは分からない。だが、選挙戦中に知りながら、それをただす報道に至らなかったことに、関わった記者たちには悔いが残った。そのような経験も沖縄県知事選でのファクトチェックの背中を押した。

民主主義を支える行為としての投票行動で、有権者が誤った情報を基に投票することがあっては、民主主義の根幹が揺らぐ。選挙中はそこまで理路整然と考えたわけではなかったが、とにかく間違った情報で有権者が投票することだけは避けたかった。その一心でファクトチェックに取り組んだ。

✪ファクトチェック方法論

ファクトチェックには県知事選取材班が関わった。通常の選挙取材と並行してファクトチェックに取り組んだ。

具体的には、ネット上の候補者や支援者、関係者らの書き込みに加え、街頭演説での発言も逐一チェックした。取材活動で得た情報も含め、通常の選挙取材で各候補者に張り付いている記者が演説をチェックした。この取り組みでは初めて、企業公式アカウントのＬＩＮＥ＠を活用して、読者からの情報提供も募った。

朝、取材班部屋に入ってパソコンを開くと、疑義のある言説は既に「沸騰」して出現していた。ネットに出た発言を問題視している書き込みなどが自然に目に付くようになっていた。並行して実施したツイッター分析も相乗効果をもたらした。

疑義のある言説を見つけたら、それが正しいのか、間違っているのか。琉球新報で蓄積している過去記事のデータベースに当たったり、その分野に詳しい自社の記者や専門家に問い合わせしてみたり、当たりを付けていった。その上で、誰がどの立場から見ても解釈の余地のない事実と対象言説を並べて、事実検証した。最終的に県知事選で琉球新報は４本のファクトチェック記事（９月８日、９月21日、９月24日、９月25日）を掲載した。

ファクトチェックを進めるにあたって、ＮＰＯ法人ファクトチェック・イニシアティブ（ＦＩＪ）とも連携し、琉球新報の実施したファクトチェック記事をＦＩＪのサイトにも転載する仕組みをとった。

✪知事選のファクトチェックで見えてきたもの

本当かどうか疑わしい書き込みを見つけても、それが完全に間違いであると証明できる事実を見つけられないグレーとも言えるケースもあった。県知事選のファクトチェックでは、偽か真かという判定基準で記事掲載していたため、完全に偽と証明できないケースは記事化しなかった。

グレーだから掲載できない——。それでは有権者に、本当かどうか分からない情報があるということ自体まったく届かなくなってしまう。それで有権者に正しい判断をしてもらえるのか。なんとか記事にしたいとの思いから、個別の言説を指し示して検証するスタイルではなく「真偽不明情報が大量拡散」との見出しで、まとめ記事として掲載した（9月26日）。

この知事選時の課題を踏まえて、琉球新報は新たに疑義言説の分類枠を増やした。「偽情報」だけでなく「誤情報」や「根拠不明」「ミスリード」だ。これで取りこぼすことなく読者に判断してもらうことができる。

判定基準とは別に、選挙報道の中での公平性も議論になった。通常の選挙報道では、候補者ごとに紹介する記事の行数はもちろん写真の大きさ、顔の向きや表情まで同じように統一している。記事を読む有権者にとって、一部の候補者や政党が有利にならないようにするためだ。

だがファクトチェック記事では、ネットなどで発現した書き込みなど現象を追う性格上、はじめから候補者や政党ごとに記事本数を決められない。

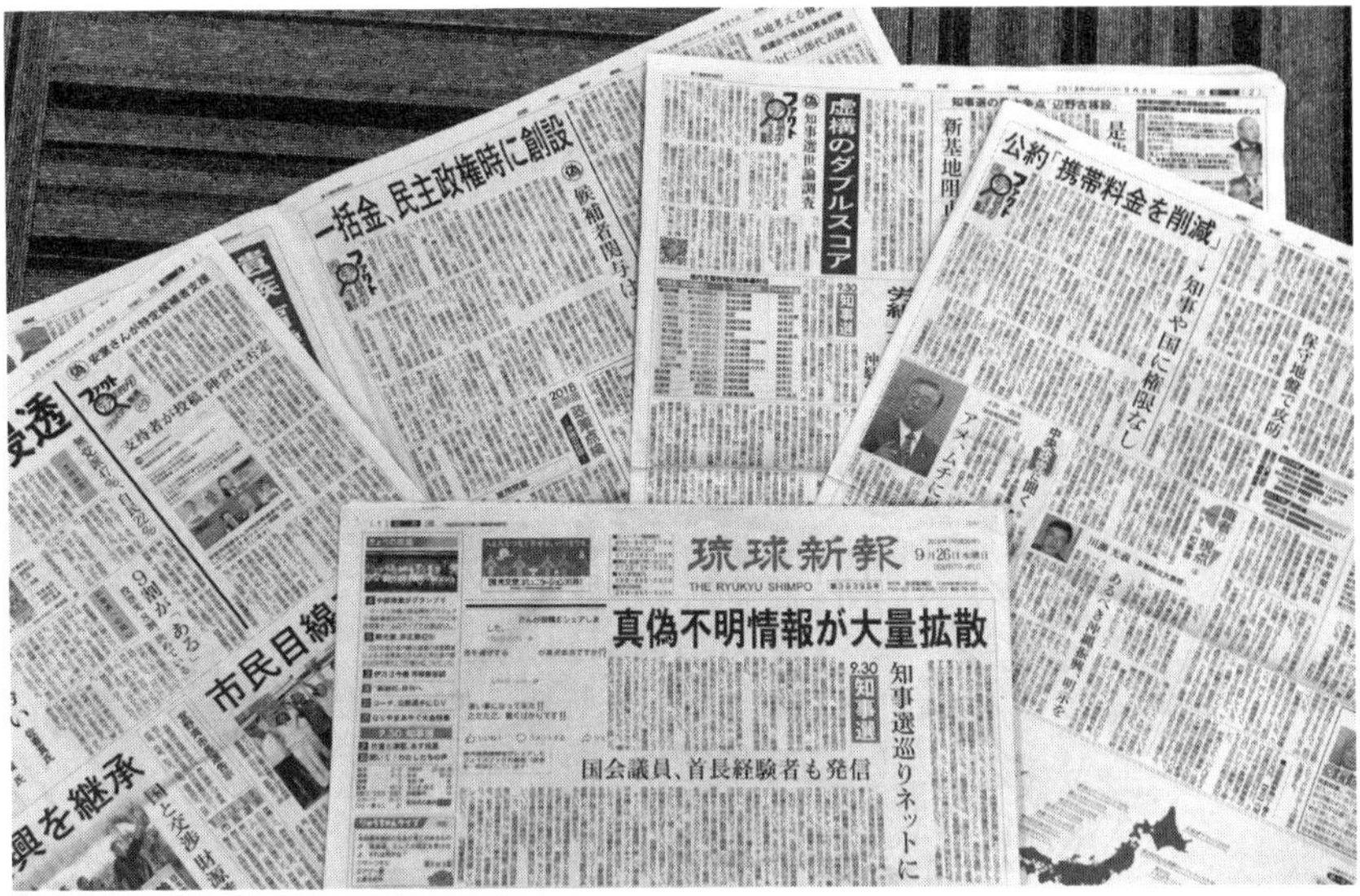

琉球新報の一連の「ファクトチェック」報道

そこで琉球新報は県知事選のファクトチェック記事に関しては、候補者名を匿名にする対応を取った。そのせいで分かりにくくなった記事があったことも否めない。匿名か実名かは内部でも意見が分かれた。その後の検証で、内容から検索すればすぐに候補者名が判明することなどから、匿名ではなく実名で報じるべきだとの判断に至っている。

なぜ沖縄フェイクは生まれるのか。ネットの深化により、誰もが発信者、メディアになる時代が来たことも要因だろう。これまでの紙爆弾から、全世界の不特定多数に一瞬で広がる会員制交流サイト（SNS）は、デマ拡散の回路を変えた。

沖縄に関するフェイクを見ていると、権力に対抗しようとする者への攻撃が多く見える。それは在日朝鮮人、被差別部落などへの攻撃と似ている。物言う者、権利を主張する者を排除しようとする力学が働いているように見える。そして生まれたフェイクは憎悪をさらに増幅させる。それを製造している側はどんな人間なのだろうか。

沖縄へのフェイクをみるにつけ思い起こされるのが、2013年1月の米海兵隊輸送機MV22オスプレイの沖縄配備反対などを求める〝建白書《けんぱくしょ》〟を携えた「東京行動」だ。沖縄県議会に加え県内の41市町村長や議長らがオール沖縄として上京し、オスプレイの配備撤回と普天間飛行場の県外移設を求め、安倍晋三首相に〝建白書〟を手渡した。一行は日比谷公園で集会を開き、その後銀座方面に向かってデモ行進した際、路上から「売国奴《ばいこくど》」「日本から出て行け」などと口汚い言葉が直接投げかけられた。

果たしていま、あの空気は変わったか。沖縄の米軍基地を引き取る運動など過重な沖縄の基地負担の除去に向けた行動も出てきているが、一方で冷淡な空気が一層強まったとの声もあり、両極化しているとも感じられる。

❂ファクトチェックの世界潮流

ネット上では、バズフィード(BuzzFeed)などネットメディアがファクトチェックを先行してやってきた。伝統メディアでは全国紙の朝日新聞が、2016年に安倍晋三首相の国会答弁などについてファクトチェックを始めた。琉球新報の沖縄県知事選での取り組みは、地方紙ではおそらく初の試みとみられる。日本ではようやく走り始めた感のあるファクトチェック報道だが、世界に目を移せば状況は異なる。

選挙などで事実でないフェイク(偽)ニュースが広がる状況に対し、ファクトチェックを進める非営利団体が欧米を中心に組織され、取り組みが広がっている。中南米やアフリカ、アジアでもフェイクニュースへの対策は日本より進んでいる。

米国では以前から大統領選挙で候補者の発言内容を検証する報道が行われていたが、２００７年からフロリダ州の地方紙「タンパベイ・タイムズ」がファクトチェックを始め、専門団体「ポリティファクト」になっていく。２０１６年の大統領選では多くのフェイクニュースが生まれ、それを信じた人々が実際にピザ店でライフル銃を発砲するなど、行動に移してしまう事件も起きた。

ワシントンポストは、うそをつくと鼻が伸びるピノキオのイラストの数で正確度を表すなど、受け手側にわかりやすいよう表示や判定基準などでさまざま工夫している。米国では政治家の演説内容を、ライブでファクトチェックしようとする試みも出てきている。

◎県知事選挙以後

琉球新報のファクトチェックは県知事選だけの期間限定の企画に終わらなかった。県知事選後も、２０１９年２月24日に実施された辺野古《へのこ》新基地建設の埋め立ての賛否についての県民投票に関するデマや、誹謗《ひぼう》中傷もチェックした。

さらには政治家の発言もチェックしている。安倍晋三首相がＮＨＫの番組で、辺野古新基地建設を巡りサンゴは移植したとする発言や、普天間飛行場全面返還の日米合意に至るきっかけを巡る菅義偉官房長官の国会答弁、辺野古新基地建設の土砂運搬を巡る港使用に関する岩屋毅防衛相の会見発言などを検証してきた。これまでも政治家の沖縄を巡る発言で事実と異なるものがあればただしていく「ただす報道」で記事化してきた分野でもあるが、改めて「ファクトチェック」のワッペンを掲げて取り組みを続けている。

（東京報道部長・滝本　匠）

2　沖縄フェイク、ファクトチェック　検証作業の実際

◎琉球新報ファクトチェック取材班

２０１８年９月の沖縄県知事選挙は、インターネットを中心に事実に基づかない「情報」が無尽蔵に流された。その「情報」を国会議員や首長経験者など、社会に発言力のある者が、短文投稿サイトのツイッターやフェイスブックなどの会員制交流サイト（ＳＮＳ）で投稿したこともあり、「情報」は瞬く間に広がっていった。

一方、知事選期間中に流れたさまざまな「情報」を一つひとつ検証していくと、「正しい」「間違い」の両極端で判断できない情報もあふれていることが明らかとなった。それらの情報は通常のニュースよりも速く、広く拡散される傾向もあった。

２０１８年９月30日・投開票の沖縄県知事選の告示直前、ＳＮＳを中心に「玉城デニー氏（現知事）は35年前、働いていた会社で大麻吸引をしていた社員の１人」との言説が拡散した。

情報が流れた９月中旬、琉球新報の取材班は、この情報の真偽を確かめるために、さまざまな機関や周辺の関係者へ取材を進めた。

取材に対して、玉城氏が働いていたとされる会社の当時の社長や役員は「全部うそだ」と否定した。玉城氏自身も指摘された会社への勤務実績はないと否定し、被疑者不詳のまま名誉毀損で那覇署に告発状を出している。結局、玉城氏が大麻を吸引したという情報の「事実」はどこにもなかった。

ただ、沖縄県警など関係機関に取材を進めたが、35年前の捜査資料や事件広報などはすでに残っておらず、この情報が「間違っている」と断定する根拠を見つけることもできなかった。

フェイクニュース（偽情報）という言葉は一般的に広く知られ、市民権を得てきた。だが、実際には白か黒かで判断できない〝グレー〟の情報が存在する。この「グレーの情報」には根拠のないもの、全体に誤りがあるとは言えないが、正確ではない情報が含まれている言説もある。

琉球新報ファクトチェック取材班が実施したツイッターの分析でも、こうした「グレーの情報」が通常のニュースよりも速く、広く拡散される傾向がみられた。

玉城氏の大麻疑惑は２０１８年９月12日に１つのブログが記事を掲載したことが拡散のきっかけとなったとみられる。その後、保守系のサイトがブログを引用する形で記事を掲載したことから、情報は一気に拡散された。知事選・投開票日の前日９月29日までの間、ツイッターでは１日に10～60件の投稿が確認された。

投稿した人の中には著名な評論家も含まれ、この情報が正しいかのように印象づけられていった。取材班の分析は、ブログや保守サイトを引用する形で投稿したものに限っていたが、リツイート（再投稿）を含めると、総投稿数はさらに膨らんでいたとみられる。

「グレーの情報」に接した際、どのようにファクトチェックを進め、記事にしていくのか。取材を通して課題が浮き彫りとなった。

ファクトチェック取材班は18年11月、これまで沖縄で流れたさまざまな言説について、検証する作業に着手した。

❂独自に4つの分類を確立

ファクトチェック取材班の検証作業は、これまで流れた沖縄に関する怪しい言説を整理した。そして、言説を評価し、分類することを試みた。

取材班で話し合いを進め、ファクトチェックの対象となる言説は、①取り上げられた事柄がそもそも存在していない情報　②事実に誤りがある情報　③取り上げられた事柄が事実と証明する根拠のない情報　④誤りがあるとまでは言えないが、正確ではない情報や誤解を生じかねない情報――に分けられると結論づけた。

これらを「偽情報」「誤情報」「根拠のない情報」「不正確・ミスリーディングな情報」として分類し、2019年1月1日付の紙面で、誤った「情報」と事実をまとめた。

①偽情報：取り上げられた事実がそもそも存在していない情報

辺野古の座り込みに日当が支払われている。辺野古の会場警備に当たっていた海上保安官が抗議行動と報道で追い詰められて自殺した……など。

②誤情報：事実に誤りのある情報

名護市が球場の改築を怠ったので日ハムが撤退した。沖縄自動車道で米海兵隊曹長が日本人運転手を救出した後に事故にあった……など。

③根拠のない情報：取り上げられた事柄が事実と証明する根拠のない情報

玉城デニー氏は35年前に働いていた会社で大麻を吸っていた。小学生の自殺は父親が自衛官だったためにいじめられた……など。

④不正確、ミスリーディングな情報：誤りがあるとまでは言えないが、正確ではない情報や誤解を生じかねない情報が含まれている

沖縄は基地があるから振興予算が多い。沖縄は基地で食べている。辺野古や高江の抗議行動をしているのは「プロ市民」……など。

琉球新報の情報判定基準（４分類）

偽情報 取り上げられた事柄がそもそも存在していない情報

誤情報 事実に誤りのある情報

根拠のない情報 取り上げられた事柄が事実と証明する根拠のない情報

不正確、ミスリーディングな情報 誤りがあるとまでは言えないが、正確ではない情報や誤解を生じかねない情報が含まれている

❂SNSなどで発信された沖縄を巡る虚偽情報や誤った言説

米軍普天間《ふてんま》飛行場の移設に伴う名護市辺野古新基地建設を巡り、県民の中では反対する声が根強い。

２０１３年に仲《なか》井《い》真《ま》弘多《ひろかず》知事（当時）が辺野古沿岸部

の埋め立てを承認した後の14年11月の知事選は、「反対」を訴える翁長雄志《おながたけし》氏が勝利している。また19年2月24日、米軍普天間飛行場の移設に伴う名護市辺野古沿岸部の埋め立て賛否を問うた「県民投票」が投開票され、埋め立て「反対」の得票は有効投票総数の72・15%に達した。県民の意思は明確に示されている。

一方で、沖縄は米軍基地問題などで日本政府の方針と相反するとされ、常にインターネットを中心にデマが流される標的とされてきた。

「沖縄は基地で食べている」

「普天間飛行場の周辺住民は自ら基地の近くに移り住み、危険に接近した」

これらは、いずれもSNSの利用者がこれほどまでに拡大する前から、流されてきた沖縄の基地問題に関する誤った情報だ。

近年はSNSを介して広がりをみせている。さらに、新たな「情報」も生産され、拡散し続けている。差別意識に基づいたヘイト表現も散見されるようになっている。これまでネット上などを中心に流れた沖縄に関する誤った言説を、具体的に琉球新報の4分類で整理した。

【偽情報】

《誤った言説》 2015年4月、一部メディアが沖縄本島中部で女児が複数の男性に暴行を受けたという内容の記事に「背景に反基地感情?」との見出しを付けて報道した。SNS上では「基地反対派がハーフ女児を暴行」などの記述で拡散した。

《検証結果》 沖縄県警は取材に対して、暴行の事実は確認されていないと回答した。

《誤った言説》２０１７年２月、南城市の古謝景春《こじゃけいしゅん》市長（当時）が米軍普天間飛行場の移設に伴い名護市辺野古の新基地建設の海上警備に当たっていた海上保安官が建設に反対する人々の抗議行動と報道によって精神的に追い詰められ、自殺したとＳＮＳに投稿。広く拡散された。

《検証結果》第11管区海上保安本部が否定し、古謝市長が謝罪した。

《誤った言説》米軍北部訓練場のヘリパッド建設が行われた２０１７年、「救急車が反対運動に止められて現場に急行できない」「基地に反対する人々がドクターヘリを名護から東村高江に呼びつけた」との言説がＳＮＳで拡散した。

《検証結果》救急が止められたという件について、北部訓練場がある地区を担当している国頭地区行政事務組合消防本部は取材に対して「そのような事例はなかった」と回答した。

ドクターヘリについては、個人で呼ぶことはできず、要請を受けた医療機関が必要かを判断して出動を要請する仕組みになっている。ドクターヘリの出動実績が増えた状況も確認されなかった。

【誤情報】

《誤った言説》２０１６年12月、サイト「ｎｅｔｇｅｅｋ」が公安調査庁の報告書「内外情勢の回顧と展望」を示しながら、「『沖縄デモ集団の正体は中国』公安が衝撃のレポートを発表」という記事を配信。ＳＮＳ上で拡散され、名護市辺野古で新基地建設に反対している人々を裏で操っているのは中国だとの趣旨の投稿が相次いだ。

《**検証結果**》公安調査庁のレポートでは中国側の動きとして、『琉球独立』を標ぼうするわが国の団体関係者などとの学術交流を進め、関係を深めている。背景には、沖縄で中国に有利な世論を形成し、日本国内の分断を図る戦略的な狙いが潜んでいるものとみられる」などの記述があった。だが、「沖縄デモ集団の正体は中国」に当たる記述はない。

照屋寛徳衆院議員が17年2月に質問主意書で政府統一見解なのかを問いただしたが、政府は「お答えを差し控えたい」などとして明示を避けた。

《**誤った言説**》２０１８年1月の名護市長選の期間中、新人で自民党から支援を受けた渡具知武豊候補を推していた国会議員の1人が、「老朽化した野球場も給食センターも放置、日ハムキャンプも逃げた。結果を出していない市長を変えるのは当然だ！」とＳＮＳで発信。現職だった稲嶺進氏が市営球場の改築を怠ったため、プロ野球の日ハムが名護市でのキャンプから「撤退した」という内容の投稿が増えた。

《**検証結果**》日ハムは名護市営球場で行っていた春季キャンプを、球場の老朽化に伴い２０１６年から前半はアリゾナ州、後半は名護市営球場で実施するなど、名護市でのキャンプを短縮していた。名護市が17年の春季キャンプ後、球場の改築を始めたため、18年は名護市内外の別の施設でキャンプを実施していた。球団は琉球新報の取材に対して撤退を否定していた。

《**誤った言説**》２０１７年12月、沖縄自動車道を走行中の米海兵隊曹長の男性が意識不明の重体になった人身事故で、産経新聞が「曹長は日本人運転手を救出した後に事故に遭った」という内容の記事を掲載し、救出を報じない沖縄メディアを「報道機関を名乗る資格はない」などと批判した。ＳＮＳなどネット上で沖縄メディアを批判する投稿が集中した。

《**検証結果**》米海兵隊が琉球新報の取材に対し「（曹長は）救助行為はしていない」と回答。県警交通機動隊も産経新聞から一度も取材を受けていないことを明らかにした。産経新聞は「事実関係の確認作業が不十分であった」として紙面で謝罪した。

【根拠のない情報】

《**誤った言説**》２０１７年に宜野湾市の保育園へ米軍ヘリの部品が落下した事故は「自作自演」だとの言説がネット上で広がった。

《**検証結果**》米軍機からの落下とは断定されていないものの、県の騒音記録が目撃情報など、米軍機からの部品落下の事実を示す根拠は多い。

《**誤った言説**》２０１５年10月に沖縄本島南部の小学校の児童が自殺したのは、父親が自衛官だったことが原因だったという言説が17年7月ごろ、ＳＮＳで拡散される。

《**検証結果**》最初に発信した人物が、情報源だとしていた人は、自殺の理由について「父親が自衛官だったということは確認されていない」という趣旨の内容をＳＮＳで投稿した。

【不正確、ミスリーディングな情報】

《誤った言説》 辺野古や高江で抗議行動をしているのは「プロ市民」との言説が広がっている。

《検証結果》 多くの人は自発的に参加しており、何らかの組織や団体の指示を受けて参加しているのではない。ましてや抗議行動で収入を得ている「プロ」はいない。

《誤った言説》 沖縄は「基地があるから振興予算が多い」

《検証結果》 沖縄県の予算は全国的に特に抜きんでて多いわけではない。他県と違い、予算を一括計上して内閣府沖縄担当部局が財務省に要求する仕組みのため、特別視される要因となっている。

《誤った言説》 産経新聞が沖縄県は県民経済計算の参考資料で観光収入を過大に計上し、「反基地」に利用しているなどと報道した。

《検証結果》 産経新聞が沖縄県は基地収入と観光収入を比較した上で、観光収入は経費を引かずに過大計上し、「知事が基地の依存の低下を強調。米軍基地反対の材料に利用している」などと報じた。だが、沖縄県は県民所得に占める基地関連収入の割合をもとに「基地依存度」が下がっていると主張しており、観光収入は比較対象としていない。

（ファクトチェック取材班・池田哲平）

Ⅱ章

ドキュメント

琉球新報に見るファクトチェック・フェイク監視

県知事選挙から辺野古県民投票まで

誤情報

事実に誤りのある情報

ファクトチェック

フェイク監視

偽

■２０１８・９・８【ファクトチェック】

✺虚構のダブルスコア　知事選「世論調査」は偽情報✺

２０１9年9月13日告示、30日投開票の沖縄県知事選を巡り、主な立候補予定者の支持に関する「世論調査」の情報が複数飛び交っている。調査結果の数字はおおむね傾向が一致し、主な立候補予定者２人のうち、玉城《たまき》デニー氏がダブルスコアで佐喜真《さきま》淳《あつし》氏を上回るという結果となっている。その中には「朝日新聞の調査結果」とされる数字も含まれているが、朝日新聞社は本紙の取材に「事実無根。調査していない」と答え、偽（フェイク）情報であることが分かった。このほか「国民民主党の調査」もあるが、国民民主党も調査を否定した。

「朝日新聞の世論調査」とされる数字は9月1、２日調査とするもので、主な立候補予定者２人のうち、玉城氏が52％、佐喜真氏が26％と、２倍近い差がついている。朝日新聞社広報部は、この数字の真偽について「これは事実無根だ。弊社の数字ではない。そもそも調査も何もしていない」と調査自体を否定した。

「朝日新聞」以外でも、政党が調査したとされる数字で「56・8対21・３」や、「34〜35ポイント差がついている」といった情報が出回っている。そのうち「国民民主党の世論調査」とされるものは8月25、26日の調査で、「サンプル数２０００」との情報とともに、「ある立候補予定者がもう一方を13ポイントリード」とされている。国民民主党は琉球新報の取材に対し、「調査をやったという話は確認できない。承知していない」と答えた。

（'18知事選取材班）

■2018・9・15

＊SNSで政策浸透　候補者はネット重視＊

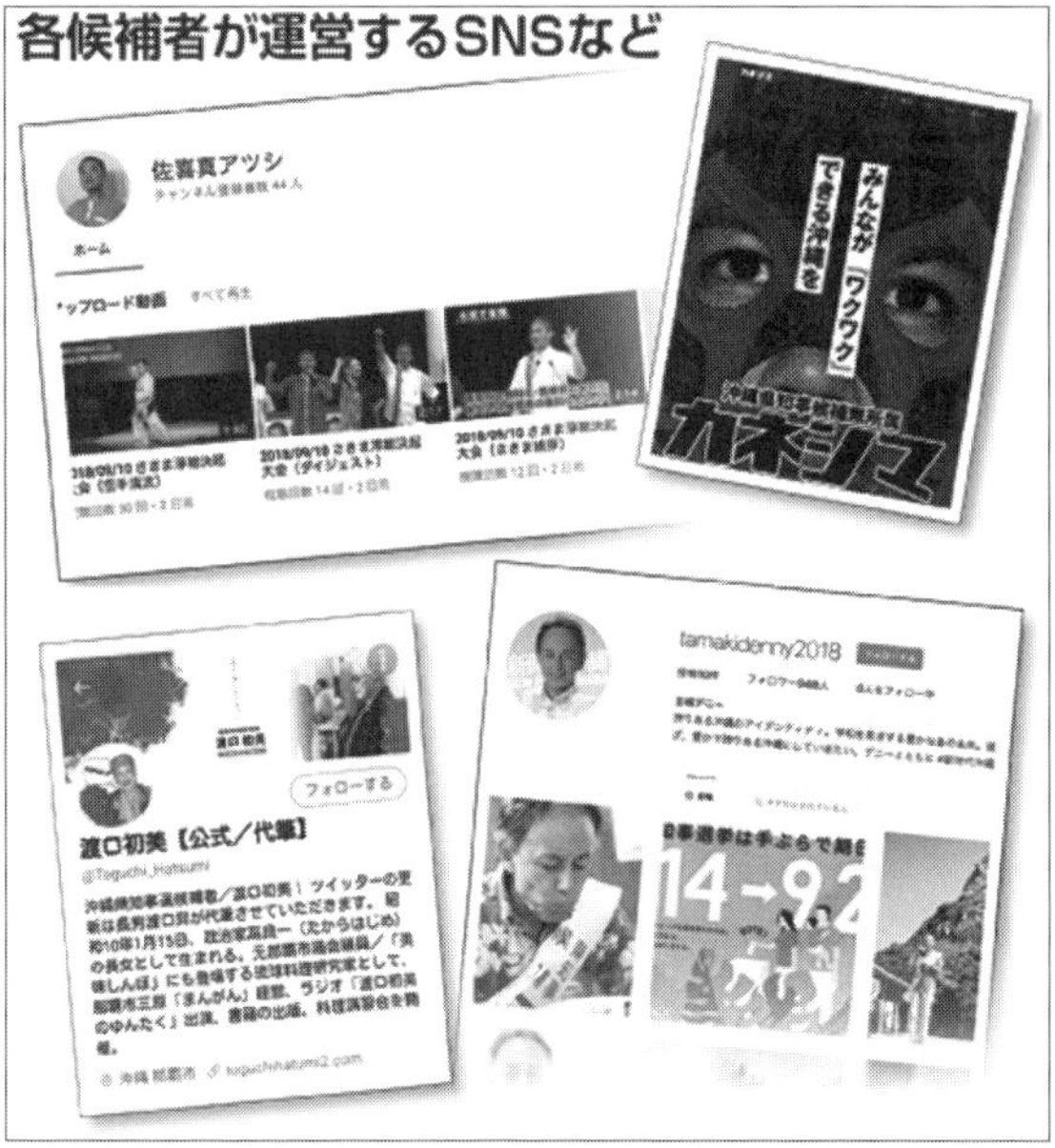

異例の超短期決戦となった30日投開票の知事選で、各候補者はフェイスブックや短文投稿サイトのツイッターなど、会員制交流サイト（SNS）を用いた情報発信に力を入れている。佐喜真淳さん（54歳）、玉城デニーさん（58歳）は陣営内にネット発信に対応する担当者を配置し、政策の浸透を図る。

佐喜真さんと玉城さんは共にツイッター、フェイスブック、インスタグラム、LINE@を使用する。

佐喜真さんはユーチューブで専用のチャンネルも開設し、動画を配信する。担当者は「短期決戦で、知事選があることを知らない人も多い」と現状をみた上で、「若い人たちにも人間性や政策をネット上でも広めたい」と意気込んだ。

玉城さんはSNSチームを作り、動画作成を2班体制で担う。担当者は「名護市長選の反省からデマに即対応するチームも編成し、ネット監視もする」と説明し、「誹謗《ひぼう》中傷に対し、法的な対応も含めて徹底対応する」とした。

同様に知事選に立候補している渡口初美さん（83歳）は、「お金を掛けない選挙」をモットーにインターネットを駆使する。

同じく兼島俊さん（40歳）も、ネットに絞って選挙戦を展開している。

■2018・9・20

✻政策より中傷を拡散　主要候補「辺野古」に触れず✻

琉球新報社は県知事選が告示されたことで、主要候補者によるツイッターのアカウントの動向を、沖縄26市町村の議員選挙・統一地方選投開票日（9月9日）からスペクティ社に委託し、追跡した。本人アカウントのつぶやき（ツイート）の件数や、それを他の人が拡散（リツイート）した状況などを追った。

好意的な拡散か否定的な拡散かも分析した。事前に用意した知事選に関連する、各候補者の政策から選んだキーワードや政党名、話題になっている単語などを登録し、その言葉に関連したツイートの出現頻度なども調べた。

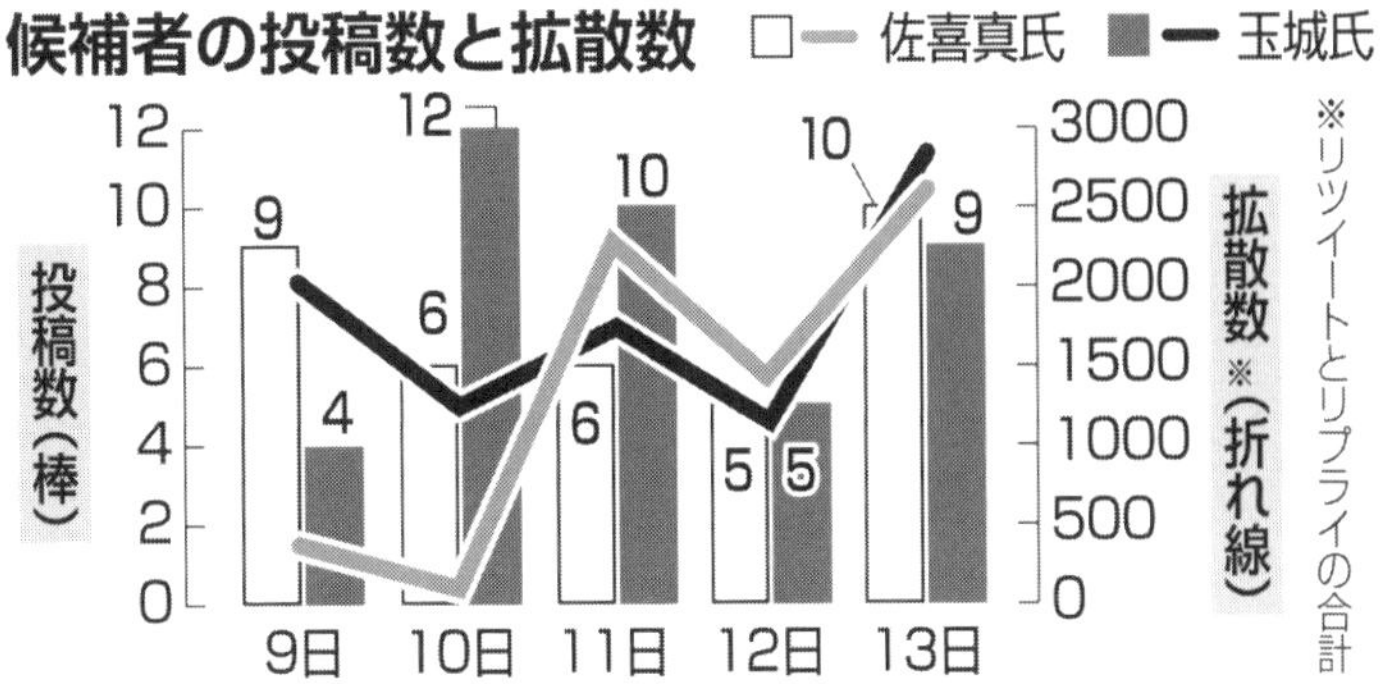

主要候補の佐喜真淳、玉城デニー両氏とも自身の政策や活動について投稿しているが、本紙が確認できた両氏の名前を含む一般人の投稿（約20万件）は候補者への中傷などが多く、政策論争は深まっていない。「普天間」「辺野古」という言葉については玉城氏が一回言及しただけで、佐喜真氏の投稿には一度も出てこなかった。

候補者が情報発信をしやすくなり、有権者が政治参加しやすくなることを目的にインターネット選挙運動が２０１３年に解禁されたが、今回の知事選では、インターネットが「落選運動」に使われている実態が明らかになった。

告示日前後で候補者や一般人のツイートがどう変化したかを見るため、今回は統一地方選投開票日の９月９日から知事選告示日の13日までの５日間のツイートを分析した。期間中、佐喜真氏は36件、玉城氏は40件投稿した。自身の政策や活動、動画の拡散を呼び掛ける投稿が多かった。

投稿がどれだけ広がっているかを見るリツイート（再投稿）やリプライ（返信）は佐喜真氏が６７４６件、玉城氏は８９６８件だった。告示日は報道が多数されたこともあり、リツイートも飛躍的に増えた。佐喜真氏は同じ人が複数回リツイートするなど組織的な拡散が見て取れたが、玉城氏は個人の拡散が目立った。一般ユーザーの投稿のうち、佐喜真氏、玉城氏の名前を含むものを分析すると、約9割が玉城氏に否定的な意見だった。玉城氏に対するネガティブ・キャンペーンが精力的に行われていることが浮き彫りとなった。

期間中、ほかの候補者・渡口初美氏の投稿は12件、兼島俊氏は2件だった。

■2018・9・20

✺県知事選、SNS分析　ネット選挙、目的逸脱も✺

県知事選に関するツイッターでのつぶやきは、一般人の投稿は候補者を批判・攻撃する内容が多かった。主要候補はいずれも情報拡散力の強い人が、候補者の投稿を積極的に広めていた。識者はSNSが有権者の政治参加を促し、選挙を良い方向に変える可能性を示しながらも「現状はそうなっていない」と分析した。

◆主な候補者本人の投稿

離職率など課題指摘—佐喜真氏　翁長氏への思い言及—玉城氏

9日から5日間の候補者本人の投稿は佐喜真氏が36件、玉城氏が40件だった。投稿の広がりを見るリツイートやリプライは佐喜真氏が6746件、玉城氏は8968件だった。各種メディアが報じた告示日は、候補者投稿のリツイートも飛躍的に増えた。

佐喜真氏は告示日の投稿が最も多く、10件。ＬＩＮＥ@への登録や、自民党幹部の小泉進次郎氏が参加する応援演説へのお知らせなどを投稿した。沖縄の交通渋滞や若者の離職率の高さなどの課題、6日の北海道地震に関し、沖縄の災害対策についても投稿した。米軍普天間基地についての言及はなかった。

玉城氏は政策を発表した10日の投稿が最も多く、政策などについて12件投稿した。討論会があった11日は故翁《お》長雄《ながたけ》志《し》知事について言及した。告示日は開設した公式サイト、県知事選に懸ける思いをまとめたメッセージ動画へのリンクを投稿した。「普天間」「辺野古」については11日に1件投稿した。

リツイートは佐喜真氏投稿を同じ人が複数回リツイートしているのに対し、玉城氏はさまざまな人がリツイートしている。

佐喜真氏の投稿のリツイートは告示日のほか、玉城氏が「ネットデマ」を名誉毀《き》損《そん》で刑事告訴するとの報道があった11日に増えた。一方、玉城氏の投稿は討論会について11日に多くリツイートされた。

候補者本人の主な投稿内容
（9月9～13日）

玉城 デニー氏

9月9日
【三つのDについて】先ほどの政策発表の会見中、三つのDについて発表させていただきました。どれも「新時代沖縄」のカギとなる要素です。

9月11日
「革新」や「保守」といった立場に隔てられていたウチナーンチュを結びつける何かがあると翁長さんは信じていました。それこそが沖縄のアイデンティティ。考え方が違っても、「ワッターウチナーのために」と一つになれる。わたしは、その強さ・しなやかさを感じずにおれません。

9月13日
県知事選にかける想いをメッセージ動画にまとめました。多くの県民が感じているであろう時代の変化を沖縄の明るい未来に繋げるために、私なりに伝えたいこと、訴えたいことを「新時代沖縄」という言葉に込めました。ご試聴・拡散どうぞよろしくお願いします。

佐喜真 淳氏

9月9日
北海道からの映像を見ると、液状化や大規模な地滑りが起きている様子に、驚かずにおれません。沖縄県では対策は十分なのか。早急に検討していかなければならない課題です。

9月11日
総決起大会、たくさんの皆様のご来場、本当にありがとうございます。明るい未来の為に頑張ってまいります！ 応援よろしくお願いします。

9月13日
沖縄では、高校を卒業して就職した若者が3年以内に離職する割合は、6割にも上っています。大卒でも4割。全国と比べても非常に高くなっています。
非正規雇用の割合も全国一。若い皆さんの意欲と仕事がマッチするよう、きめ細かく支援していきます！

候補者に対する一般からのツイッターでの投稿

	玉城デニー氏に対して	佐喜真淳氏に対して
否定的な意見	■当選したら沖縄が中国に徐々に浸食される	■「女性の質向上」というのは差別発言
否定的な意見	■北朝鮮の脅威や尖閣をどう考えるか	■普天間飛行場が世界一危険なら運用停止を日米両政府に求めたのか
否定的な意見	■考えが甘い。基地が無くなれば沖縄は格好の餌食になる	■「対立より対話を」と言うが、対話が必要なのは政府とではなく基地建設に反対する県民だ
否定的な意見	■「普天間基地の閉鎖・返還」「辺野古基地断念」この二つが同時にできるというのは何を根拠に言っているのか	■「日本会議」のメンバー。だから「女性の質向上」なんて言葉が普通に出る
肯定的な意見	■本土が基地を押し付けるための知事選だ。思想弾圧と言うより感情弾圧だ	■宜野湾市長を務めてきた圧倒的で具体的な実績がある
肯定的な意見	■ダイナミックなアジアの発展にのって玉城さんと新時代沖縄をつくりたい	■佐喜真さんは朝のラジオ体操から夜の地域集会まで市民と親しく交流した

◆一般投稿

佐喜真氏へ賛否少なく　玉城氏へ攻撃意見多く

県知事選に関するツイッター分析によると、9月9日から13日（告示日）に一般の人々が投稿したツイートの大半が、玉城デニー氏への攻撃や批判的な意見だった。ツイッターが「落選運動」のツールとして利用され、特に玉城氏のネガティブ・キャンペーンが目立っていることが浮き彫りになった。本紙が両候補に対するツイート（発信）やリツイートの一部（約20万件）を確認した。

9日から告示日前日の12日までに玉城氏に対するとみられる攻撃・批判的なツイートは本紙の調べでは約9割に上った。佐喜真氏に対しては、肯定的な内容も否定的な内容も少なかった。肯定的な内容だけを見ると、玉城氏の方が佐喜真氏よりも多かった。告示日の13日は、両候補の動向や肯定的なツイートも多くなった。本格的な選挙戦が始まるとともにツイートやリツイートの数が飛躍的に増えた。

玉城氏の過去の政治活動を批判するなどした上で、「不祥事のデパートだ」「こういう人を知事にしてはいけない」などと真偽が明確でない情報を基に中傷する内容も多かった。

9月10、11日には「基地を造って平和になることは絶対にない」と述べた玉城氏の発言に、タレントのケント・ギルバート氏がネットの番組で「変な薬飲んでない？」と揶揄《やゆ》した内容が多くリツイートされた。その内容に併せて「現実を認識していない」「妄想《もうそう》発言だ」などと中傷するツイートが数多く添えられた。11日は玉城氏がネットを中心にデマが広がっているとして、名誉毀損の疑いで那覇署に告訴したことが大量につぶやかれた。佐喜真、玉城両氏の支持者からとみられる。

佐喜真氏に対しては、5日に行われた日本青年会議所沖縄ブロック協議会主催の公開討論会で女性政策について「女性の質の向上」と述べたことに対し、批判が集中した。「どうしたら女性の質を上げられるのか」などのツイートがあった。

さらに佐喜真氏が普天間飛行場の移設に伴う名護市辺野古への新基地建設の是非について発言を避けていることに対して「この段階でも言わないのは県知事候補としてどうか」など批判的なツイートもあった。

◆多く使われた言葉

「辺野古」「基地」多く　「公明」「オール沖縄」も

ツイッターの傾向を分析するために、琉球新報で選んだキーワード約100語がどれだけ文（ツイート）の中に盛り込まれたかも調べた。両候補とも「沖縄県知事選」や相手候補の名前が最も多かった。

佐喜真淳氏については多く使われたのは「辺野古」「基地」「普天間」「公明」「対立」「遺志」「未来」「経済」「オール沖縄」などだった。

玉城デニー氏については「公明」「ネット」「辺野古」「基地」「新時代沖縄」「遺志」「中国」「翁長知事」「オール沖縄」などが多かった。

一般の人々のツイッターの投稿数は肯定的、否定的な内容を含め、玉城氏に対するツイートが佐喜真氏を大きく上回った。両候補とも告示日の13日につぶやかれた数が最も多く、この日の玉城氏への投稿は佐喜真氏の投稿の5倍以上に上った。

◆主要候補の傾向

佐喜真氏は影響力強い人が投稿　玉城氏は拡散総数で上回る

ツイッターで他人の投稿文を引用して再投稿し、より広めることをリツイート（引用投稿）やリプライという。佐喜真淳氏と玉城デニー氏が9～13日に投稿した文がリツイートなどされた数は佐喜真氏が6746件、玉城氏が8968件で玉城氏が2222件多かった。

佐喜真氏と玉城氏で投稿数が多かった利用者の上位20人程度を比べると、佐喜真氏はインフルエンサー（情報拡散力の強い人）とも言える万単位のフォロワーがいる人が2人。玉城氏は本人の1人だった。佐喜真氏側は上位23人のフォロワーの合計数が18日時点で10万8413人で、玉城氏側は上位25人の合計が7万5967人だった。

さらに佐喜真氏側の利用者は23人中8人がプロフィル写真などに日の丸を用いており、作家の百田尚樹《ひゃくたなおき》氏ら保守系の投稿を多くリツイートする傾向があった。玉城氏側は自由党や立憲民主党、共産党などの支持者や新基地建設や原発に反対する人の投稿が目立った。

佐喜真氏側で候補者のリツイート数が21と最多だったのは「白神」氏。フォロワー数は１４２１人。フォロワー数４１３０４人の「Ｂｏｏｔｓ　ｍａｎ」氏は13件リツイートした。安倍晋三首相のイラストを使用していた。

玉城氏側で候補者のリツイート数が12と最多だったのは「修（自由党）」氏。フォロワー数は９３６２人。プロフィルに「小沢（一郎）元代表への異常なバッシング報道に疑問」を持ち、ツイッターを始めたとしている。玉城氏側の上位25人中、フォロワー数が３１５２０人で、最多だったのは玉城氏本人のリツイートだった。

◆識者談話

ＳＮＳ、投票行動に影響――高畑卓さん（選挙ドットコムＣＥＯ）

有権者のうち、浮動票の割合が高い若者層は新聞よりもインターネットで選挙情報を得ており、その中でもＳＮＳが最も接触が多い。２０１３年にインターネット選挙運動が解禁された。有権者の約30％はネットを参考にしており、僅差の勝負ではネットでの情報発信は無視できない存在になっている。弊社サイトも投票日の前日と当日の午前中にアクセスが多くなる。投票に行く前にネットで情報を得ていることが分かる。

ネット選挙運動は候補者の情報発信を容易にし、有権者が政治に参加しやすくすることが狙いだ。選挙を変える可能性を秘めているが、現状はそうはなっていない。浮動票である若者層は日中に街頭演説を聞きに行かない。候補者はSNSで街頭演説のお知らせをするのではなく、演説の中身をアピールする、コミュニケーションするなどの工夫が必要だ。候補者本人のSNSをフォローする人はごく少数で、ほとんどの人がフォロワーなどから間接的に情報を受けている。リツイートされることによって広がる。これはいい情報もネガティブな情報もフェイクニュースも同じ。有権者はホームページやSNSアカウントなど候補者本人の発信から情報を得ることも必要だ。

◆解説――真偽見極める力、必要

ツイッター上で政策に関する議論よりも候補者への中傷がより広がっているのは、匿名で発信できることや、考えが同じ人の投稿ばかりが表示されやすいというSNSの性質によるものが大きい。

選挙は首長や議員を選ぶだけでなく、選挙運動や論戦を通して課題を掘り起こし社会で共有し、政策の議論を深める機会でもある。

有権者と候補者の距離を縮めたり、若者の政治参加を促したりするために、インターネット選挙運動の解禁、選挙権年齢の引き下げなど選挙制度が変わってきた。

ネットは場所や時間を問わず情報に触れることができるため、忙しい人が情報を取得するのに適したメディアだ。スマートフォンの普及状況や若者の多くが新聞やテレビなどの従来メディアよりもネット情報に多く接していることを考えると、インターネットは若者の投票率を上げる手段になり得る。

しかし、誰でも発信ができるため、その情報は玉石混交で、情報の精度や真偽を見極めるのは容易ではない。実際の投票行動にどれだけ影響したか未知数だが、18年2月の名護市長選でもネット上でデマが飛び交った。

デマや中傷合戦の選挙は政策を巡る議論を深めることにつながらない。それを防ぐためには候補者本人が政策や自身の人となりを有権者に分かりやすく伝える工夫と同時に、有権者が候補者自身の発信を確認することや、真偽不明な情報や中傷を拡散しないことが重要だ。

（玉城江梨子）

■2018・9・20

✺公選法違反46件警告　違反行為が横行、学校近くの幕は撤去も✺

選挙管理委員会が認めていないビラ、電柱に貼られたポスター、大人数での街頭演説、道沿いに並ぶのぼり――。公職選挙法では、選挙期間中にできる運動が細かく定められているが、今回の県知事選でも違反と指摘される選挙運動が横行している。県選挙管理委員会は「違反の疑いがある行為が多い」とする。県警は19日までにポスターやのぼり、横断幕などの違法掲示物46件に対し警告した。

本島の県立高校の入り口前の建物に19日、ＯＢの候補者である佐喜真淳候補の名前とともに「卒業生を県知事へ」などと書かれた約10メートルの2枚の懸垂幕が掲げられ、撤去する事案があった。同校教頭は「高校の案内表示と並べられて掲示され、公的な学校が特定の候補者を応援しているように見える」と懸念する。高校は県選管や警察署に撤去を求め、19日中に2枚のうち特定の候補者名が書かれた1枚が撤去された。

公職選挙法では、候補者の名前が書いてあるのぼりや看板は、個人演説会で五つ、選挙事務所に三つなど限られた場所と個数でしか掲示できないと定めている。道路にあるものは公選法違反に当たる可能性が高い。道路や電柱の管理者に無断で設置することは、道路法や屋外広告物条例にも抵触する。

のぼり以外にも、配布できるビラの数は14万5千枚で、配布方法も個人演説会の会場や選挙事務所内、新聞折り込みなどと定められている。さらに選管が交付するシールを貼っていなければならない。単独でポストに入っているビラは違反に当たる可能性が高い。そのほか、街頭演説に従事できるスタッフは15人までで、腕章を着けなければいけない。戸別訪問も禁止されているなどさまざまな規定がある。

県選管は、取り締まりは県警が担うとし、「違反の疑いがある行為が多い。法に定められた範囲で適正公平に選挙運動をしてほしい」と呼び掛けている。

県警は「必要な場合は公職選挙法などの規定に基づき、違法な掲示物などに対して警告などを行い、違法状態の除去を図りたい」と述べた。

（'18知事選取材班）

❖ネット上の「違反」、指摘合戦

横行する公職選挙法違反の選挙運動に伴い、インターネット上では、支援者らが相手候補の違反を指摘する投稿であふれている。「沖縄は公選法違反特区だ」と指摘する、ツイッターで検索の目印となるハッシュタグ「#」もでき、異様な盛り上がりを見せる。支持者らは応援する立候補者が選挙戦で少しでも有利になるよう、ネガティブ・キャンペーンに躍起になっている。

だが、中には違反していない行為を指摘する投稿もある。当選させない目的で事実をゆがめた場合は、その行為は公選法違反に当たる。中傷やデマによるネガティブ・キャンペーンに目を光らせる陣営も出てきた。

ツイッターやフェイスブックなどのSNSには、路上に貼られた名前が書かれたのぼりやポスター、告示日前に実施された特定の候補者への投票を呼び掛ける電話の報告や、街頭演説など、多くの事例が写真とともに投稿されている。

公選法では、選挙のための運動と捉える「選挙運動」と通常の政党・政治活動と捉える「政治活動」に分けて判断する。線引きは難しいが、政治活動のためと捉えることができ、厳密には違反と言えない行為を指摘する投稿も相次いでいる。

◆識者談話

「公選法」再考も必要――安原陽平さん（沖縄国際大学講師・憲法学）

公職選挙法は、公平、適正に選挙を行うことを目的に定められている。例えば、買収が認められれば、財力のある人が有利になり、政治の代表を公正に選ぶことが困難になってしまう。公正、適正に自分たちの代表を選ぶために、選挙運動も含め公選法上、さまざまなルールがある。

日本の公選法は規制が多く、複雑である。そのため、選挙のたびに公選法違反が指摘される。特にのぼりやポスター掲示については、指摘が多い。公正な選挙のためにも、候補者や支持者は違反をしないように注意しなければならない。

選挙では、選挙運動の公正さと同時に、だれが代表にふさわしいか、政策や政治家本人の資質を議論することも大事だ。また、インターネット上での選挙運動の解禁など選挙運動自体も時代と共に変わってきている。公正な選挙と代表を選ぶための議論を両立させるために、可能な限り自由に情報交換ができ、議論に集中できる公選法となっているかについても、考える必要がある。

偽 ファクトチェック

■2018・9・21【ファクトチェック】

＊一括交付金導入「デニー氏関与せず」は偽情報　民主党政権時代に創設＊

県知事選を巡り、沖縄振興一括交付金の導入決定に至る取り組みについて、玉城デニー候補が「直談判で実現にこぎつけた」と記したのに対し、公明党の遠山清彦衆院議員が「ゆくさー（うそ）」と指摘し、「自公の議員が（中略）政権に飲ませて、一括交付金制度を作った」と自身のツイッターに書き込んだ。公明党議員も入った与野党プロジェクトチーム（ＰＴ）が「制度の中身を決めた」とするが、一括交付金の制度自体は民主政権下の２０１１年12月の沖縄関係予算案で初めて創設されたもので、与野党ＰＴは翌12年３月に発足し協議しており、正確ではない。

当時の政権の首相補佐官で、一括交付金も担当した逢坂誠二衆院議員は、19日付の自身のツイッターで「（玉城氏からも）繰り返し要望を受けた」と導入の経緯を証言している。

一括交付金に関する玉城氏の発言は、14日付の本人のフェイスブックに書き込んだ。これに対し遠山氏は９月15日のツイートで「（玉城氏の）誇大宣伝がわかりました。彼は、一括交付金制度の中身を決めた平成24（２０１２）年３月13日から19日に４回開催された与野党ＰＴ交渉委員会議にいませんでした。（中略）中に私がいるので（玉城氏の）不在は、明らか。（玉城氏）ゆくさーです」と書き込んだ。

さらに同じ15日付で「当時の野党であった自公の議員が、沖縄県の要望を民主党政権に飲ませて、一括交付金制度を作ったのです」と、制度策定での自公の成果を強調した。

一括交付金は、民主党政権で野田佳彦内閣（当時）が２０１１年12月24日の閣議で決定した沖縄関連予算２９３７億円のうち、１５７５億円を使途の自由度を高めた交付金として創設した。当時の仲井真《なかいま》弘多《ひろかず》知事も決定を受け「沖縄振興の趣旨を踏まえた交付金が創設され、本県の振興に配慮がなされたと感謝している」と、創設に謝意のコメントを出していた。

逢坂氏は自身のツイッターで「沖縄一括交付金は沖縄県の皆さんから強い要望があった。当時の自民公明の皆さんからは強い批判が多かった」と記した。

（’18知事選取材班）

■2018・9・22

✺出馬表明前の投稿　つぶやきににじむ信条✺

琉球新報社は21日までに、9月30日投開票の県知事選を巡り、立候補した主要2候補の出馬表明前のツイッターの投稿内容を確認した。表明後は選挙活動の内容が主だが、表明前は本人の人柄や活動内容、思想信条がにじみ出ていた。

◆佐喜真淳氏―20年返還できぬ原因は？

佐喜真氏は2015年4月16日にアカウントを開設した。18年9月21日午後10時半現在で344のツイート（投稿）があり、フォロワーは1万1165人。知事選出馬表明前は約170ツイートしている。投稿内容は宜野湾市長ならではの基地関係、地域活動やスポーツの話題に大別される。

基地関係では米軍普天間飛行場について、返還合意から20年となった翌日、16年4月13日に「20年という時間はもう戻りません…。20年返還できなかった原因は…？…」と投稿した。

辺野古新基地建設の埋め立て承認取り消しを巡っては、国が県を相手に提起した不作為の違法確認訴訟の最高裁判決で県が敗訴したことへの見解を提示。判決翌日の16年12月21日に「一つの大きな結果出ました…。法治国家である最高裁の判決は重く受けとめるべきであります…」とつぶやいた。市長時代のツイートはこれが最後。その後は約1年8カ月投稿がなく、18年8月16日に知事選への出馬を報告した。

その他の活動では15年5月18日に保守系団体「日本会議」が主導する「沖縄県祖国復帰記念大会」への参加を報告し「〝日本人としての誇り〟を感じた」と所感を示した。

市長の活動では、15年4月27日に宜野湾市が成長力ランキングで「全国1位」となったことを報告。同5月7日には、暗いと指摘されていた「市役所ロビー照明をLEDに取り替えました」と市民サービス向上に努める様子も紹介した。

地域活動では市内各地のラジオ体操に参加したツイートが多い。15年8月2日にはラジオ体操に参加してお菓子の「うまい棒」をもらったとして「ラッキー！　8月もラジオ体操頑張るぜ～楽しい日曜日を…♪♬」と喜びを表した。

◆玉城デニー氏―困窮者に支えつなげる

玉城氏は2010年5月18日にアカウントを開設した。18年9月21日午後10時半現在で7181のツイートがあり、フォロワーは3万2419人。さかのぼることができる15年11月13日までの投稿は基地問題に関する内容や選挙活動の様子の報告が多い。

衆院議員へ4期目の当選を目指していた17年10月3日には、東村高江《ひがしそんたかえ》のヘリパッド問題について触れて、「牛道集落の60デシベル以上の騒音が過去5年間で12倍超と激増」「宜野座《ぎのざ》村城原区は16年度だけでも7866回。基地負担軽減は基地の面積を減らせばいいだけじゃないだろ！」と投稿した。

16年11月27日には認可外保育園と不登校の子どもたちの支援拠点の視察を報告し、「様々な生活困窮の状態から少しでも立ち直る・立て直すための支えがすぐ身近にある。そこに行政の役割をつなげる作業を

知事選に立候補した主要2氏の出馬表明前の主なツイート

玉城 デニー氏	佐喜真 淳氏
2016年6月9日 カナダのロックバンドのCDジャケット写真を投稿しながら **6/9 Rockの日**	**2015年5月7日** 暗いと指摘されていた市役所ロビー照明について **LEDに取り替えました**
11月27日 認可外保育園、不登校の子どもたちの支援拠点の視察を報告 **行政の役割をつなげる作業を急がねば**	**5月18日** 保守系団体「日本会議」が主導する沖縄県祖国復帰記念大会に参加したことを報告し **〝日本人としての誇り〟を感じた**
17年10月3日 東村高江のヘリパッド問題について **基地負担軽減は基地の面積を減らせばいいだけじゃないだろ!**	**8月2日** ラジオ体操でうまい棒をもらい **ラッキー!8月もラジオ体操頑張るぜ〜楽しい日曜日を…♪♬**
18年2月4日 安倍首相が本土への基地移転を「理解が得られない」と述べたことに対し **本土と沖縄を意識下の内で区別した官僚答弁を何の疑問を挟まずに読むだけの総理**	**16年4月13日** 普天間返還20年に **20年という時間はもう戻りません…。20年返還できなかった原因は…?…**
6月26日 息子を気に掛け **お〜い、長男。LINEの既読もつかないけれど元気にしてるのかい?**	**12月21日** 違法確認訴訟判決に **一つの大きな結果出ました…。法治国家である最高裁の判決は重く受けとめるべきであります**

急がねば」とつぶやいた。

18年2月2日の衆院予算委員会で、安倍晋三首相が在沖基地の県内移設の理由について「本土の理解が得られない」と発言したことを受け、2月4日に「本土と沖縄を意識下の内で区別した官僚答弁を何の疑問を挟まずに読むだけの総理」「あなたに人の痛みと苦しみの歴史が理解できる才はない」と投稿した。

投稿には時折家族の話題や趣味の話題も含まれている。18年6月26日には、「世のお父さんお母さん方は大人になって実家から巣立っていった子供さんたちとどのくらいの頻度で連絡しあっているだろうか」「お〜い、長男。LINEの既読もつかないけれど元気にしてるのかい?」と、子を心配する親の一面ものぞかせた。

16年6月9日には「6/9 Rockの日」とのコメントとカナダのロックバンド、ニッケルバックのCDジャケットの写真をツイート。音楽への思いも垣間見せた。

■2018・9・22【社説】

✺知事選のネット投稿　民主主義壊すデマの拡散✺

インターネットが「落選運動」のために利用されている実態が、琉球新報によるツイッターの分析で明らかになった。知事選に立候補した佐喜真淳、玉城デニー両氏の名前を含む一般人の投稿は候補者に対する中傷が多い。

明らかな偽情報や検証できない真偽不明の情報で候補者を攻撃するケースも現れている。憂慮すべき事態だ。

支持する候補者を当選させたいからといって、根拠もなく対立候補を誹謗中傷することは許されない。情報を受け取った側が本当のことだと思い込むと、選挙結果に影響しかねないからだ。だからこそ、公職選挙法は、当選させない目的をもって候補者に関し虚偽の事項を公にしたり、事実をゆがめて公にしたりした者への罰則を規定している。

インターネット選挙運動は2013年に解禁された。候補者にとっては自らの政策を発信しやすくなり、有権者にとっては政治参加が容易になるといった利点がある。

現実を見ると、候補者を肯定してアピールするよりも、否定しておとしめることに利用されている観がある。

人々の内面に潜む悪意が、手軽なインターネットツールによって顕在化してきたともいえる。

県知事選に関するツイッター分析によると、9月9日から告示日の13日までに一般の人が投稿したツイートの大半が玉城氏への攻撃や批判的な意見だ。9日から12日を見ると、約9割に上る。佐喜真氏に対しては、肯定的な内容も否定的な内容も少ない。肯定的な内容だけを見ると、玉城氏の方が佐喜真氏よりも多かった。

ＳＮＳは誰でも情報を発信できるだけに、内容は玉石混交だ。信頼性に乏しい情報が飛び交う空間でもある。受け取る側に真偽を見極める力がないと、うっかり信じ込んでしまうだろう。

不確かな情報が次々と拡散されていくうちに、意識の中に刷り込まれ、あたかも真実であるかのように伝わっていく。「印象操作」の効果は無視できない。

今回の知事選では、模範となるべき国会議員までがツイッターで事実と異なる情報を発信していた。政治家の質の劣化を象徴する出来事だ。

言うまでもなく、選挙は民主主義の根幹をなす重要な制度である。怪情報を流布させて対立候補のイメージダウンを図る手法が横行するなら、政策そっちのけの泥仕合になってしまう。民主主義の自殺行為でしかない。

米軍基地の集中、経済振興、福祉、教育……。沖縄が抱える問題は山積している。ネガティブ・キャンペーンでは政策論争は深まらない。

候補者はインターネットを正しく活用し正々堂々と政策を訴えてほしい。国民には、真偽不明の中傷をうのみにして拡散しないだけの見識と節度が求められる。

■2018・9・24【ファクトチェック】

安室さんが特定候補支援は偽情報　支持者が投稿、陣営は否定

県知事選を巡り、インターネット上で安室奈美恵《あむろなみえ》さんと翁長雄志《おながたけし》知事、特定の知事選候補者の顔写真を並べた画像が飛び交っている。東京都の女性が「安室ちゃんも支持する翁長さんの遺志を継ぐ玉城デニー候補と一緒に沖縄を作ろう」と応援を呼び掛ける内容を短文投稿サイト・ツイッターに投稿したのが発端だった。取材の結果、安室さんが玉城氏を「支持する」とする事実はなく、写真が並んだ候補者の陣営も否定した。

女性は安室さん、翁長知事、玉城氏の3人と対立する形で、今井絵理子参院議員、安倍晋三首相、佐喜真淳候補の3人の顔写真を合わせた画像を作成し、「沖縄県知事選の勢力図」「どっちと沖縄の未来を作りたい?」などの文章と併せて投稿した。だが、安室さんは翁長知事が亡くなった時に追悼のコメントを寄せたものの「支持する」との表現は確認できなかった。

女性は9月11日に文章と画像を投稿した後、県内に住む知人から「安室さんを選挙に絡めるのは慎重にした方がいい」と連絡があり、数日後に投稿を削除した。

女性は琉球新報の取材に対し「玉城氏を応援する立場だ。安室さんの追悼文を見て翁長知事を支持していると考え、作成した」と説明した。

投稿された玉城氏の陣営は安室さんから支持や推薦を受けたという事実はないとし、「選対本部として

発信したものでなく、コメントできない。一般論として正確な情報に基づいて発信されるべきだ」と述べた。

安室さんのマネジメントを担ってきたエイベックス・エンタテインメントは、安室さんが翁長知事と特定の候補者を支持しているのかを尋ねた琉球新報の取材に対し、「安室奈美恵は引退し私人となったため、取材を一切受け付けていない」と回答した。

（'18知事選取材班）

■2018・9・25【ファクトチェック】

✺公約「携帯料金を削減」➡知事や国に権限なし✺

県知事選を巡り、候補者の佐喜真淳氏が掲げる公約「携帯電話料金の4割削減」について、有識者やジャーナリストから「知事にその権限はない」などとするSNSの書き込みが拡散している。携帯電話会社など通信事業者を所管する総務省によると、携帯電話料金を引き下げる法律や国の権限はなく、地方自治体の長である知事にも権限はない。

ファクトチェック

書き込みは適正な内容だった。

佐喜真氏は公約となる政策集で「携帯電話利用料の4割減を求める」と記載している。ただ本人のユーチューブやツイッターでは「、携帯料金の4割削減を進め家計を助けます」「携帯代4割削減」と記載しており、不特定多数が目にするインターネットでは「求める」という表現は省かれ、知事の権限で実現できるかのように書かれている。16日に那覇市内で街頭演説した菅義偉官房長官も、佐喜真氏が公約に掲げていることを歓迎し、「4割程度引き下げる。そうした方向に向かって実現したい」と主張していた。

佐喜真氏が掲げる「携帯電話料金4割削減」について総務省に確認すると、「国の法で料金をこれにしようと言える権力はどこにもない」と説明する。携帯電話会社に関する電気通信事業法には、料金を引き下げたり、引き上げたりする規定はなく、どこにもその権限はないとした。法改正で規定することもできるが、その動きはない。

ただ、引き下げを「求める」ことはできるという。それでも「何の根拠もなくお願いしますということはできると思うが、事業者側がそれに従う法律などはない」（政府関係者）というのが実情だ。

一方、総務省は18年6月に携帯電話大手3社に対し、スマートフォン販売時に2年契約を前提として基本料金を割引する料金プラン「2年縛り」を見直すよう求めた。10月からは「モバイル市場の競争環境に関する研究会」を開始し競争促進策を検討する。その狙いも価格競争が起きて料金が低下することに「期待」するにとどまっている。

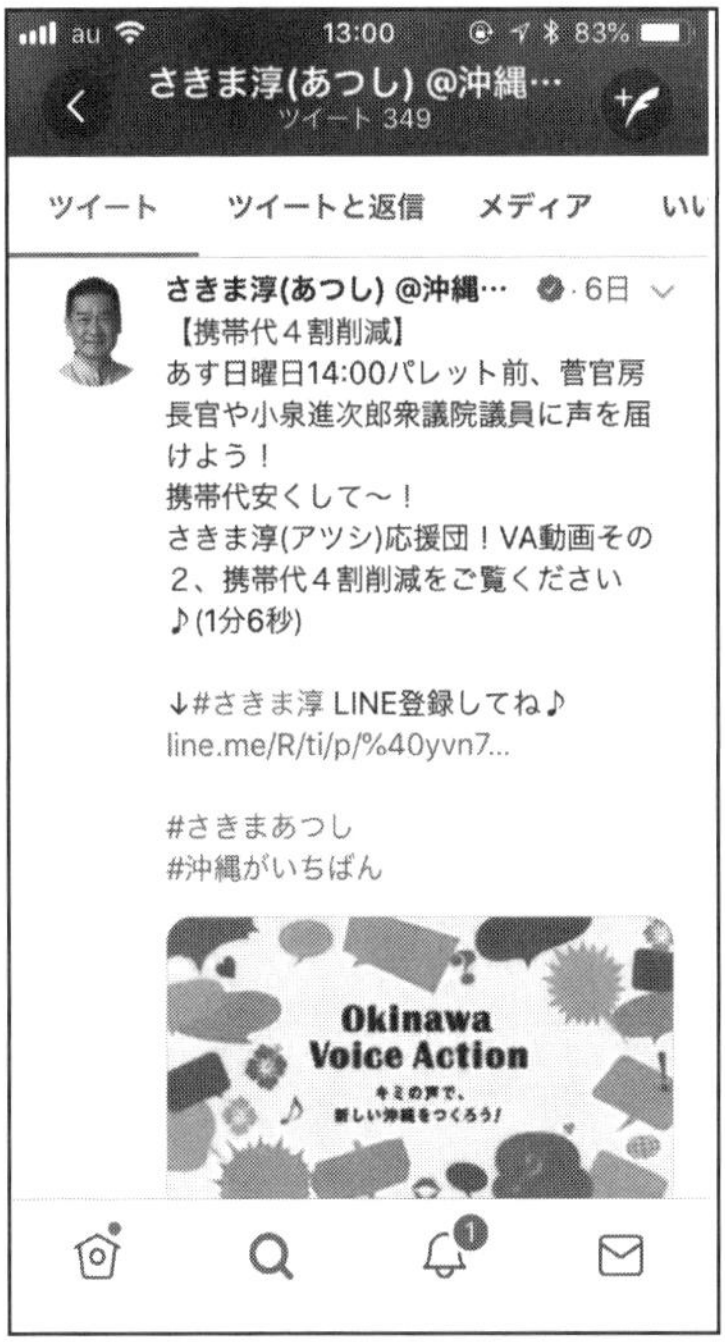
au 13:00 83%
さきま淳(あつし) @沖縄…
ツイート 349
ツイート
ツイートと返信
メディア
さきま淳(あつし) @沖縄… ·6日
【携帯代４割削減】
あす日曜日14:00パレット前、菅官房長官や小泉進次郎衆議院議員に声を届けよう！
携帯代安くして〜！
さきま淳(アツシ)応援団！VA動画その2、携帯代４割削減をご覧ください♪(1分6秒)
↓#さきま淳 LINE登録してね♪
line.me/R/ti/p/%40yvn7...
#さきまあつし
#沖縄がいちばん
Okinawa Voice Action
キミの声で、新しい沖縄をつくろう！

携帯電話料金については格安スマホ会社が増加する中、携帯電話料金やサービスは市場原理で変動している。一候補者の公約とは別に、国による働き掛けは進められている。

しかし、携帯電話大手の関係者からは「基地局の維持や先端技術の開発に多額の費用がかかるのも事実だ」と反発する声もあり、国であっても料金値下げは容易ではないのが現状だ。（'18知事選取材班）

■2018・9・26

真偽不明情報が大量拡散　国会議員、首長経験者も発信

30日投開票の県知事選を巡り、インターネット上で玉城デニー候補が犯罪に関わったなどとする真偽不明の情報が大量に出回っている。

こうした情報を公明党の遠山清彦衆院議員が「当選を阻止する」と書き込んだ上で発信、古謝景春《こじゃけいしゅん》・前南城市長も「本当ですか!?」とコメントし、真偽を確認しないままシェアしており、拡散を続けている。

公職選挙法では、当選させない目的で虚偽事項や事実をゆがめた情報を流した者は処罰の対象となる。名誉毀損《きそん》や公職選挙法違反で立件するかは最終的に警察が判断するが、ネットに詳しい弁護士によると、罪に問われれば、虚偽でないことを立証しなければ起訴される可能性もあるという。

専門家は「真偽不明の情報をSNS上に掲載する場合、事実である証拠が必要だ。証拠がない場合は取り締まりの対象になり得る。政治家がそうした情報を拡散し罪に問われた場合、一般の人に比べ、広く拡散される可能性から悪質性が高いと判断される余地がある」と指摘している。

あるサイトで知事選告示前、立候補を予定していた玉城デニー氏が過去に犯罪に関わったかのような情

報が発信された。

情報の中で、玉城氏の行為を把握していたとされる「当時の代表」や「当時の社長」として名前を挙げられた人物に琉球新報が取材したところ、「全部うそだ」「勝手に名前を使われた」などと否定した。玉城氏本人にも確認したところ「勤務していた」と書かれている会社に勤務した事実はないという。

古謝氏は、この情報について別の人のコメントとともに自らのフェイスブックで「本当ですか⁉」とコメントした上でシェアした。事実確認をしないままシェアしたことについて、古謝氏に聞いたところ「本当かどうか分からないからやった。噂されるのはいかがなものか」と話した。

玉城氏は情報覚知から3日後、ネット上に虚偽情報を掲載され、名誉を毀損されたとして、犯罪に関与したかのような書き込みについては被疑者不詳のまま、那覇署に告訴状を提出した。玉城氏の代理人弁護士は「有権者に正しい選択をしていただくためには、事実無根のデマには毅然と対応する」とコメントした。那覇署は「個別の案件の回答は差し控えたい」とした。

別のサイトでは、玉城氏や故翁長雄志知事をおとしめるような動画が何本も掲載されている。3万人以上のフォロワーがいる遠山氏は、このうちの1本の動画を自らのツイッターに掲載し「当選を阻止する」と書き込んだ。これに対し、玉城氏は動画の自らに関する内容を自身のツイッターで否定した。

真偽不明の動画を掲載したことへの認識を遠山氏に聞いたところ、「真偽の問題があれば、ビデオ（動画）を作った人とやりとりしていただきたい」と述べ、自らに責任はないという認識を示した。公選法に違反すると思うかについて聞くと、「私の行為に法的に問題があればそういう指摘をしていただければと思う。指摘を受けている認識はない」と答えるにとどめた。

ネット上の名誉毀損に詳しい清水陽平弁護士は「ネガティブ・キャンペーンと名誉毀損の明確な線引きはない」とした上で、「十分に当事者の社会的評価をおとしめることになれば、名誉毀損の罪に問える」と述べ、リツイートで拡散した人も罪に問われる可能性があるという見解を示す。

公職選挙法では虚偽情報を流すこと自体が処罰の対象となるが、実際に立件するかは最終的には警察の判断や選挙管理委員会の告訴の有無などに委ねられる。ネットに出回る真偽不明の情報に摘発が追い付いていないのが現状だ。

一方、佐喜真淳候補の選挙対策本部は琉球新報の取材に対し、同様の問題で佐喜真氏が名誉毀損を受けた事例は25日現在、起きていないとした。県選挙管理委員会も25日、今回の知事選で、ネットのやりとりに関して公職選挙法に触れる事案は把握していないという。

（'18知事選取材班）

■2018・9・26

ネットに虚偽情報横行　「ウソつき」「工作員」と候補者へ誹謗中傷

30日投開票の県知事選を巡りインターネット上で、特定の候補者を名指しして落選を呼び掛けたり、事実かどうか根拠のない事柄や虚偽情報を並べたりして候補者の印象をおとしめる書き込みが広がっている。特定の候補者を「県民をだます選挙目的でのパフォーマンス」「大ウソつき」などと非難する内容や、「こんなのを県知事にしたら沖縄は日本から切り離される」と危機感をあおるものまでさまざまだ。

玉城デニー候補の名前の一部を、お金と関係付けて改変し、「金目当て」「沖縄を破壊する工作員」とする書き込みもある。玉城氏を「違法を容認している」「危険人物」と指摘し、さまざまな動画と組み合わせてまとめたサイトも出た。このサイトは候補者批判で名誉毀損の可能性もあると指摘する記事が出た後、見ることができなくなっている。

一部は事実を示しながら、利権を得ている印象を植え付けるような内容で、候補者を攻撃する書き込みも見られる。

玉城氏が「事実無根」としたものに対しても、「どの部分がデマなのか」と候補者本人に証明を求める国会議員のツイッターもあった。

ネット上で中傷する書き込みを受け、佐喜真淳候補の選挙対策本部長を務める松本哲治浦添《うらそえ》市長は20日付の自身のフェイスブックに「双方の候補者を一生懸命に応援するあまり、インターネット上の一部で行き過ぎた誹謗《ひぼう》中傷合戦が見受けられる。私たちが今やるべきことは相手を貶めることではなく、相手候補者にもリスペクト（敬意）を払いながら、政策論争を正々堂々と展開することだ」と支持者に呼び掛ける事態にもなっている。

◆識者談話

公職者の流布、影響大――津田大介さん（ジャーナリスト）

昔から選挙時に虚偽情報を書いて配る「怪文書」のビラはあったが、今や8千万人がスマートフォンを持ち、4千万人がツイッターをする。ソーシャルメディアの普及により匿名で拡散しやすくなった。

津田大介さん

怪文書はコストがかかるが、ネットを使えば、コストをかけず自宅で好きにできてしまうのでやりやすい。一度流せば、勝手に広まる。しかし、選挙期間中に虚偽情報を拡散すれば、公職選挙法の虚偽事項公表罪に問われる。公職にある人が事実かどうか分からないことを流布《るふ》することも社会的影響が大きい。

2013年にインターネット選挙が解禁され、プロバイダー責任制限法に特例が設けられた。選挙運動や当選させないための活動に使う情報の流通について、候補者側から情報削除の申し出があった場合、流した本人にプロバイダーが削除の同意を求め、連絡が取れなくても2日で削除できるようになった（通常は7日）。

情報に電子メールアドレスなどが表示されていないものは、2日を待たず削除できる。こうした法律があるので、候補者陣営もデマが流されたら、直ちにプロバイダーに削除の申し出をした方がよい。

■2018・9・27

✺「『ゆくさー』は強い表現だった」 遠山氏、投稿を釈明✺

公明党の遠山清彦衆院議員は9月26日、自身のツイッターでの書き込みについて報じた琉球新報の一括交付金を巡る「ファクトチェック」の記事に関して、玉城デニー候補を「ゆくさー」（うそつき）と表現したのは「少し感情が入って強い表現だったかもしれない」と釈明した。

その上で、一括交付金創設に関する候補者の発言について「当時の与党の一員として関与はしていたと思うが、（玉城氏の言う）『直談判して実現にこぎつけた』は、一人でやったようで誇大宣伝だ」と改めて強調した。

公職にある立場として、真偽が確認できない内容の書き込みをリツイート（共有）することについては、「自分が作ったわけではないものだが、今後は自分がリツイートして事実上、拡散する中身について、少し細かく精査をして慎重にやりたい」と語った。

■2018・9・28

✵「つぶやかれ数」で差　批判・攻撃、依然多く✵

琉球新報社が実施している知事選に関するツイッターへの投稿の分析で、告示日前日の9月12日から25日に取り上げられた言葉を調べたところ、候補者のうち玉城デニー氏が佐喜真淳氏の2・5倍の件数つぶやかれていたことが分かった。批判や攻撃する内容が大半だったが、インターネット上では玉城氏がより多くの注目を集めていると言えそうだ。

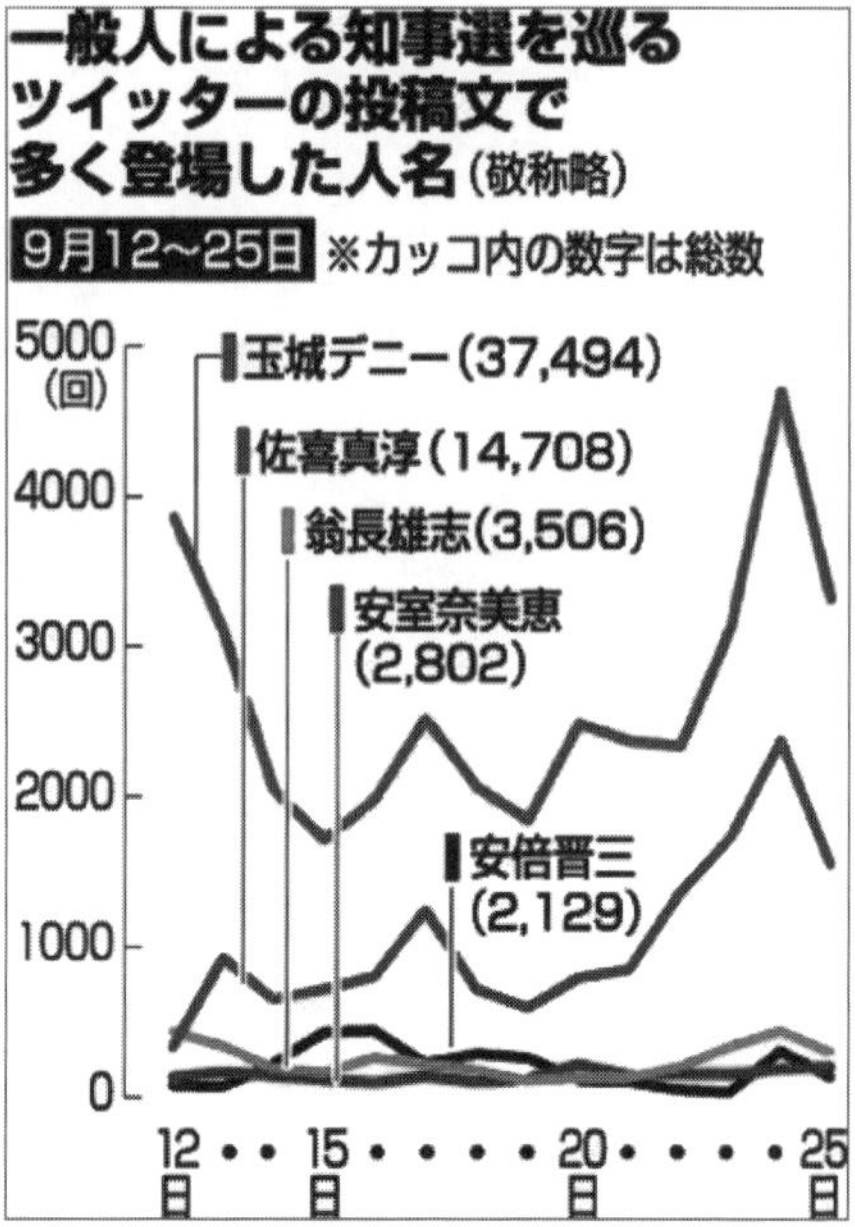

名字や名前だけの表記も含み、玉城氏は３万７４９４件で、佐喜真氏は１万４７０８件。両候補以外で多くつぶやかれた人名は故翁長雄志さんで３５０６件、次に安室奈美恵さんの２８０２件だった。

安室さんは、玉城氏の支持者が、安室さんも玉城氏を支持しているとの誤情報を流したことや、支持者の行為への批判を含め、引退前後に増えた。

その他に多かったのは安倍晋三首相で２１２９件だった。玉城氏の関係では自由党代表の小沢一郎氏が多く１０６８件、佐喜真氏の応援演説で２度沖縄入りした自民党の小泉進次郎氏は６５２件だった。

一般の投稿では前回調べた時点より特定の候補を応援したり、褒《ほ》めたりする内容も見られた。ただ、多くつぶやかれた言葉の上位30位を見ると攻撃、批判、中傷する言葉は依然多く、ツイッターでは政策論争が深まっていない状況が浮き彫りになった。

９日から25日までの候補者本人の投稿数は玉城氏が２５７件、佐喜真氏が１９４件だった。内容は両候補とも演説会への案内や自身が掲げる政策の解説などが多かった。特に佐喜真氏は若者に対するメッセージや呼び掛けが目立った。

同じ期間の候補者の投稿に対するリツイートやリプライは、玉城氏が3万1073件、佐喜真氏が2万6783件だった。

序盤は玉城氏のリツイートやリプライが圧倒的に多かったが、選挙戦が進むに連れ、佐喜真氏も増え、同数に近い数字になっている。

■2018・9・29

＊投開票日直前　政策への投稿増＊

知事選に関するツイッターへの投稿の分析で、三日攻防前日の26日と初日の27日に取り上げられた言葉を調べたところ、佐喜真淳、玉城デニー両氏の主張に対し賛同したり、批判したりする内容が目立つようになった。

ツイッター文で支持する候補を推す内容も増えた。佐喜真氏に対しては「沖縄県の経済、暮らしを良くする具体的な施策がある」「県民の生活のことを考えているのは佐喜真氏だけ」、玉城氏に対しては「知事選が始まり、こんなにすてきな人だと新たに知った」「玉城氏の演説に大変な感動を覚え、涙を流した」などの声があった。

相手候補を批判、攻撃する内容だと、佐喜真氏に対しては「携帯料金引き下げは業者の業績悪化を招き実現できない」「『女性の質』と言う候補を選ぶのか」、玉城氏に対しては「沖縄を外国勢力から守れるか。中国に洗脳されている」「基地負担を取り除いた実績があるのか」などの声があった。

9日から27日までの候補者本人の投稿数は玉城氏が315件、佐喜真氏が217件だった。

■2018・9・30

✺終盤にはSNSで支持者が多く投稿　攻撃拡散する人も✺

知事選に関するツイッターへの投稿についての琉球新報による分析で、台風24号の接近のため、街頭での選挙運動が事実上の最終日となった28日に取り上げられた言葉を調べたところ、候補者のうち玉城デニー氏の名前が含まれた文が佐喜真淳氏を示す名前が含まれた文の件数の2・5倍だった。分析を始めた9月9日から同28日までに取り上げられた言葉の累計でも、玉城氏の名前が含まれた文の件数が佐喜真氏の名前を含んだ文の2・5倍の件数だった。

28日は双方の候補者の支持者とみられる人たちが、期日前投票を行うよう呼び掛ける内容が目立った。雑誌や新聞、ネットメディアなどが候補を取り上げた記事をリツイート（再投稿）したものも多かった。メディアによっては、ある特定候補を批判、攻撃する内容を報じているものもあり、その投稿のリツイートが選挙戦終盤でも目立った。

28日、ツイッターで触れられた候補者の名前を見ると、佐喜真氏の名前が含まれた文は1467件で、玉城氏の名前が含まれた文は3691件だった。9月9日からの累計では佐喜真氏が19119件、玉城氏が45984件だった。

28日の候補者本人の投稿数は佐喜真氏が33件、玉城氏が58件だった。内容は両者とも台風24号による被害や県民の生活に与えた影響を心配する内容や、投票所に足を運ぶように求める内容、さらに自身の政策を一項目ずつ分けて紹介する文も多かった。

■2018・10・3

✳玉城さん殺害予告が複数　批判受け削除も✳

9月30日の県知事選挙で新たな知事に選ばれた玉城デニーさん（58歳）に対する殺害予告や脅迫、誹謗中傷が、2日までにSNS上に複数書き込まれている。ある発信者はツイッターに「戦後日本を守ってきたのは米軍基地と核」だと断言した上で、それを否定する玉城さんを「もう殺すしかない」「こいつを殺さなければ、沖縄県民の尊い命が失われる」と記した。

ツイッターでは他にも「デニーの暗殺・暗殺。それが一番良い。」や、「何万人死のうが関係ありません。日本中央政府は武力を持って沖縄地方の『再占領』です。この再占領計画で亡くなった人達は『玉城デニー』とデニーを選んだ人間を恨んで下さい。」（いずれも原文まま）など過激な書き込みがあった。

これらの書き込みには批判も相次ぎ、すでにアカウントを削除した発信者もいる。

■2018・10・4【知事選ファクトチェック検証】

✺ファクトチェックで正しい情報を　困難伴うネットデマ検証✺

9月30日に投開票された県知事選の選挙報道の中で琉球新報は、それまで実施していなかった、デマやうそ、フェイク情報を検証する「ファクトチェック・フェイク（偽）監視」の記事を随時掲載した。スマートフォンの普及に伴いネット上の情報に頼る人が増える中、有権者に正しい情報を発信したいとの取材班の思いから企画は始まった。企画はネット上でも反響があり、毎日新聞がこの企画を取り上げるなど、複数の新聞社も関心を寄せている。

今後も選挙報道で活用されるべき手法と考えるが、事実かどうかの検証の困難さなど課題にも直面した。ファクトチェック企画を振り返る。

（知事選取材班キャップ・滝本　匠）

2016年の米大統領選ではフェイクニュースが飛び交い、話題になった。発信元不明の〝ニュース〟「ローマ法王がトランプ氏支持を表明」「クリントン氏が『イスラム国』（IS）に武器売却」というデマが有権者に与えた影響は少なからずあった。

以前から県内では選挙になれば「紙爆弾」とも呼ばれる怪文書で、出所不明だったり根拠が不確かで検証不能だったりする情報が飛び交ってきた。だが最近はその舞台がインターネット上のSNSに広がり、ほぼ無限に拡散される事態になっている。

ネット上では、ＳＮＳで気軽に情報を転送・拡散できる。そのため間違った情報でも、多数が拡散していくと情報の出元を確認しづらい状況になり、正しい情報であるかのように受け止めが広がる傾向がある。中でも国会議員や首長経験者など公職にある、またはあった人物はフォロワー（注目者）数が多く、つぶやいた時の影響力（拡散力）は大きい。公職人がつぶやいているからと、暗黙の信頼性も付いてくる。実際、議員がつぶやいているからという理由で転送する一般の人も見受けられる。

２月の名護市長選では、名護市で春季キャンプを実施するプロ野球の日本ハムが撤退するという、うわさがネットなどで広まった。正確ではない情報と認識してもあえて記事に書くことまではしなかったが、そのうわさが定着していったことへの反省もあった。

今回の知事選でのファクトチェックで対象にした言説は、「世論調査の数字」「一括交付金の制度創設」「安室奈美恵さんの候補者支援」「携帯料金の削減の公約」の４本。

９月８日付から25日付まで断続的に報じた。さらに直接的にファクトチェック記事ではなかったが、検証不能な真偽不明の情報が国会議員などによって大量拡散されている実態をまとめた記事も26日付で掲載した。

この企画で留意したのは、分析などは交えずに事実を並べて読者に判断してもらうことだった。もう一つ意識したのは、選挙期間中に記事を掲載することだ。有権者に正しく判断してもらうためには、選挙後に検証記事を出しても投票行動にとっては意味がないと考えたからだ。

ただ検証には困難も伴った。ツイッターで疑惑が書かれて当事者は否定しても、それだけでは検証対象の書き込みが「偽」とは断じられない。

ある犯罪を行ったかのような印象を与える書き込みもあったが、対象となる言葉自体は検証がほぼ不可能で、明確に「偽」のチェックができないものも少なくなかった。候補者のマイナスイメージを振りまくだけで、それが事実かどうかは本人が証明すべきだと言い放つ書き込みも目立った。

ネット上では本紙のファクトチェックの取り組みを評価する声もある一方で、「琉球新報がフェイクニュースだ」などと批判する声もあった。

作家の目取真《めどるま》俊《しゅん》さんは自身のブログで、「地元紙がこういう検証を行うのは、今の時代に大事なことだ」と指摘している。

■2018・10・4

✺デマ氾濫する異常なネット空間　「偽情報」信じる有権者ら✺

「おまえは沖縄2紙しか読んでないから偏向している」

インターネット上で、正しい情報を選別する「ネットリテラシー」の啓発活動をする「モバイルプリンス」こと島袋昂《こう》さん(31歳)は、県知事選に関する投稿に対しツイッター利用者から一方的にこう言われた。議論してみたら、投稿者は2紙を読んだことはなく、沖縄の歴史も知らない人だった。

辺野古新基地建設に反対する翁長雄志知事の就任以降、インターネット上で「翁長は中国の手先だ」「米軍機事故は自作自演だ」などと、沖縄に関するデマや中傷が増えたと感じてきた。

「知事選はデマの集大成になるのでは……」

懸念は的中した。８月下旬ごろから「ハーフの女子が基地反対派に暴行された」など、数年前に否定されたデマがネット上で再び拡散され始めた。候補者を中傷する投稿も増加していった。

危機感を募らせた島袋さんは、ネット上で出回るデマをQ＆A調で解説することを始めた。「辺野古に基地があると中国が攻めてこないの」などのデマ10項目に対し、ツイッターの１４０字で回答した。

「文字数が少なく、稚拙で論拠が示せていなく、識者が見たら怒るかもしれない。だけど『劇薬』として、分かりやすさを重視した」と強調する。

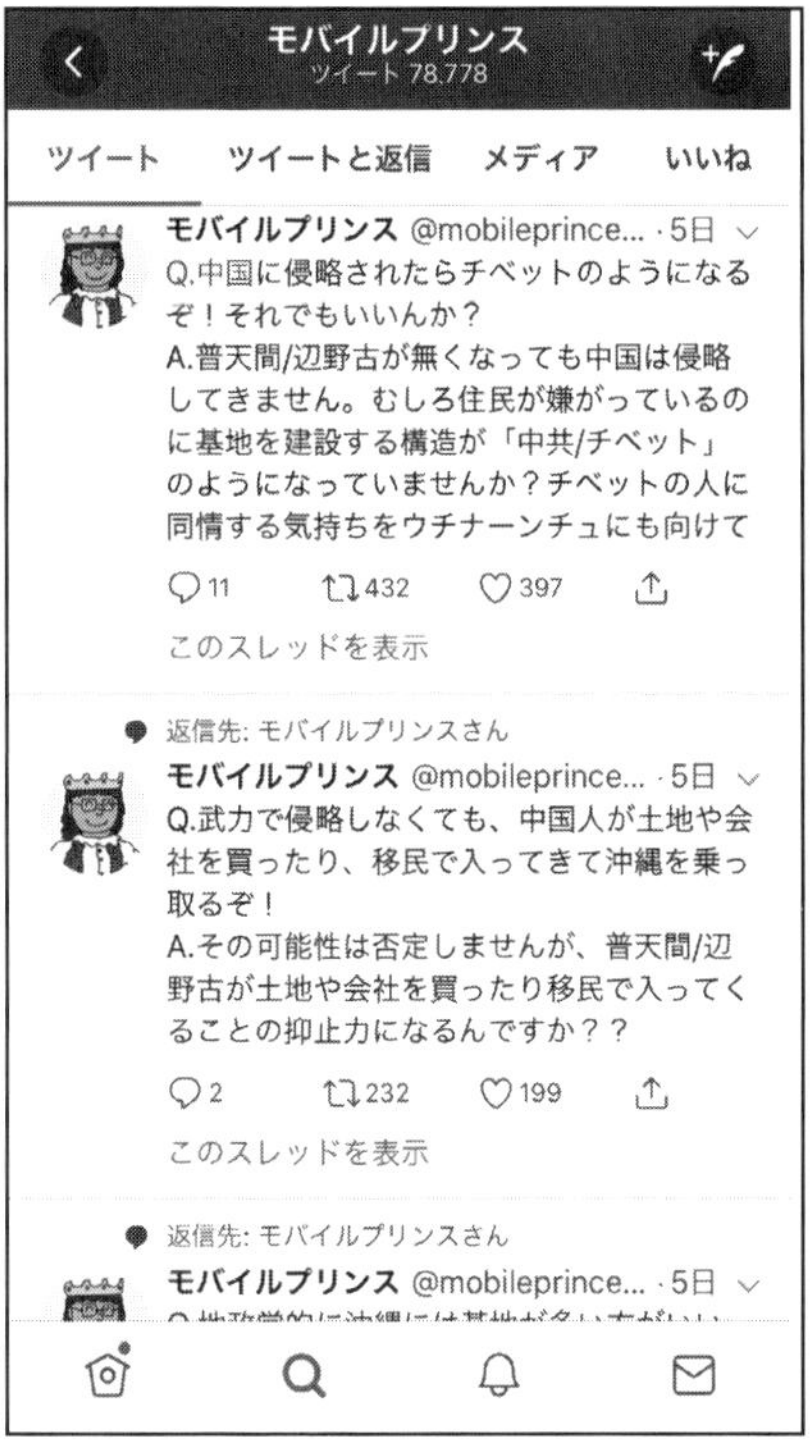

Q＆A調でデマに答えるモバイルプリンスこと島袋昴さんの投稿（ツイッターより）

どちらの候補を応援するわけでもなく、「反デマの立場」で知事選に関する発言をしてきたが、中傷や冷笑するコメントも寄せられた。古くからの知り合いの中には離れていった人もいた。だが、島袋さんは今後も反デマの投稿を続ける。

「汚くなったら、誰かがきれいにしないといけない」

危機感を持ったのは、有権者だけでなかった。選挙戦で誹謗《ひぼう》中傷が目立ったことに、佐喜真淳陣営で選対本部長を務めた松本哲治浦添市長は、フェイスブックで「政策論争の展開を」と呼び掛けた。松本市長は「中傷をよりたくさんした方が勝つ選挙なんておかしい。それを放置するのは政治の敗北だ」と強調する。

インターネット上のデマやそれを信じる人など千人以上を取材してきた文筆家の古谷経衡《ふるやつねひら》さんは、今回の知事選について「候補者を応援するつもりで投稿されたデマが、逆に足を引っ張った側面もある」と指摘する。選挙でのデマは今後も続くとした上で、「一つひとつモグラたたきのようにつぶしていくしかない」と語った。

■2018・10・6【知事選ツイート分析報道】

✺ファクトの重み実感　中傷拡散の抑止、検証で一定効果✺

9月30日の県知事選で、琉球新報は選挙取材班の「ファクトチェック」と同時に、SNSのツイッターに発信される内容を調べた。選挙の際にSNSで情報が大量に流れているのを漠然と感じていたが、今回の調査で、その投稿内容の傾向を知ることができた。

若い世代の情報入手先は新聞やテレビ、ヤフーニュースなどの大手ポータルサイトでもなく、SNSになっている。自分と考えの近い人たちのつぶやき、共有したニュースから情報を得ている現状で、知事選を巡り、どのような情報が飛び交うか探りたかった。

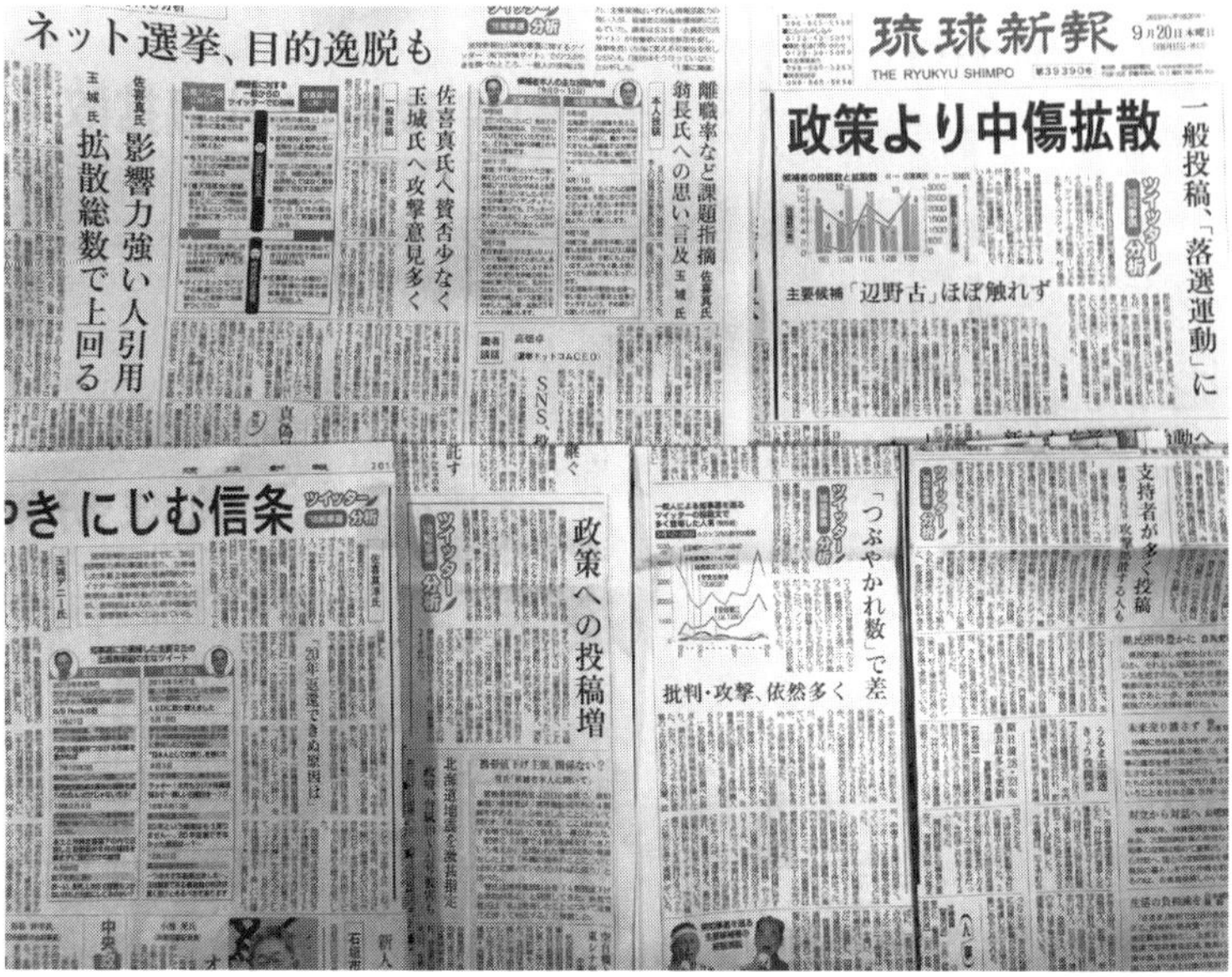

琉球新報の一連の「ツイッター分析」報道

◆一般投稿の確認

一般ユーザーの投稿について、内容が肯定的か否定的か、正確に把握するには一件一件読んだ方が確実だと判断した。

9月9日~同29日に発信された投稿のうち、リツイート分も含め約20万件以上に目を通した。初回の分析では夜通しで半日以上かかった。

特定の候補者を批判、攻撃する内容が多いとは思っていたが、露骨な誹謗中傷を含めた攻撃、批判の内容がほとんどだったため驚いた。約9割は玉城デニー氏に対する内容だった。政策や沖縄の課題を議論するやりとりや互いの支持候補を褒める内容は少なかった。

人の悪口を大量に読むのは気が滅入ったし、単調で膨大な作業の途中、何度も眠気に襲われた。しかし過激な内容が目を覚まさせた。「玉城デニーは中国のスパイ」「裏に中国共産党がいる。沖縄が破壊される」などだ。

候補者本人の投稿のリツイート数が多い人も分析した。佐喜真淳氏のリツイートが多い上位を見ると、プロフィル欄に「日の丸」をあしらい、普段から「ネトウヨ」とみられる内容の投稿をしている人が目立った。

◆分析報道の成果と課題

一般の投稿では新聞や雑誌、ネットメディアが特定の候補者に関する内容を掲載した際、リツイートを含め投稿数が飛躍的に伸びた。琉球新報が行ったファクトチェックの記事も拡散が見て取れた。どれだけフェイクニュースを打ち消すことができたのかは不明だが、一定の効果はあったのではないかと思う。

情勢分析もしたかったが、玉城氏への攻撃、批判がほとんどを占めたツイッターでは難しかった。インフルエンサー（情報拡散力の強い人）の確認も試みたが、今回の分析では情報が整理できなかった。

スマホがこれだけ普及し、誰もがＳＮＳで気軽に発信でき、情報を得ることができる時代になった。ＳＮＳを意識して有権者が求める分かりやすい記事を書いていくことも、報道機関には必要だと実感した。

（デジタル編集担当部長・宮城久緒）

■２０１８・１０・６

✺若者、ＳＮＳ上の企画で存在感　「何かやらないと後悔に」✺

９月30日夜、当選が確実となった玉城デニーさんを取り囲んでカチャーシーを踊り、歓喜の渦をつくっ

当選が決まった玉城さんを囲んでカチャーシーを踊る若者たち＝2018年9月30日夜、那覇市古島の教育福祉会館

たのは若者たちだった。「ＤＥＮＮＹ９・30」の文字と玉城さんの顔が描かれたＴシャツ姿を着た若者たちが今回の選挙戦で大きな役割を果たした。

10～30代の若者のボランティア総勢約１５０人が選対本部に詰め掛け、選挙活動に取り組んだ。米大統領選からヒントを得てＴシャツを制作、「デニってる」を合い言葉にした。音楽好きな玉城さんにちなみ、ＤＪイベントを企画したほか、ＳＮＳへの発信に力を入れた。

沖縄国際大学４年の具志堅貴哉さん（22歳）は「ウチナーンチュの誇りが掛かっている。何かやらないと後悔する」との思いで運動に加わった。大学に隣接する普天間飛行場の大きさを目のあたりにする毎日に、「辺野古に移設しても県内で米軍機が飛ぶ状態には変わりない」と、移設反対を訴える玉城さんを応援した。

ネット上に飛び交うデマや誹謗中傷に対抗する

ため、自身の技術を生かした若者もいる。写真家の普久原朝日さん（24歳）は母子家庭で育ち、汗だくになって自転車で通学した経験から、玉城さんが掲げた中高生バス運賃無料化に共鳴した。「基地問題だけではない、玉城さんの魅力を伝えたい」――政策を分かりやすく説明し、玉城さんの明るい人柄が伝わる動画作りにこだわり、ＳＮＳで発信した。

「デニーさんの明るくてポジティブな雰囲気が撮れた」という動画は拡散され、再生回数は千回を超えた。「これからいろいろな困難が待ち受けているはずだが、デニーさんには県民が付いている。選挙戦のような雰囲気でサポートできたらいいと思う」と、普久原さんは言葉をかみしめる。

一方、佐喜真淳さんの陣営でも高校生や大学生を含む若者が活発な運動を展開した。普天間飛行場の返還が決まった１９９６年度に生まれた琉球大学4年の東郷健太郎さん（21歳）は、普天間返還が実現しない現状に「佐喜真さんなら前に進めてくれるのではないか」と期待し、運動に加わった。「対立から対話へ」という言葉にも共感した。基地はなくしたいと思う半面、国との対立に疲弊を感じてきた。

無料塾の塾講師を務めた経験から、「貧困や観光など課題は基地問題に限らない。みんなが生きやすい社会をつくってほしい」と、新しい知事に訴えた。

■２０１８・10・6

✺「沖縄、終わった」 知事選結果に相次ぐ中傷拡散✺

9月30日投開票の県知事選で、各報道機関が玉城デニー氏の当選を伝えるニュースを流した直後から、ツイッターなどSNS上で複数の人から「沖縄、終わった」などとする投稿があった。投稿者は知事選で玉城氏以外を支持していた人とみられる。

作家の百田《ひゃくた》尚樹氏は9月30日、一部報道が玉城氏の当選確実を報じた直後に、「沖縄、終わったかもしれん……」と発信した。1万2236件の「いいね」が付き、4534件がリツイートされた。

百田氏の投稿に対して、「ほんとに沖縄が中国に侵略されることを証明してくれるのか」と疑問視するコメントに対し、百田氏は「されては困るんだよ！」と返した。

以降、一般からも「あー沖縄終わったね　ついに中国領沖縄か」「沖縄のことが心から嫌いになりそう」「沖縄県民には良識がない」など、玉城氏や沖縄県民を誹謗《ひぼう》中傷する投稿が相次いだ。

作家の百田尚樹氏が県知事選当日にツイッターで配信した投稿文（一部修正）

一方、百田氏や一般からの「沖縄、終わった」の投稿に対しては、「終わったのではなく、始まったばかり」「はなから沖縄は日本の植民地ぐらいにしか思っていない人たちの投稿だ」「負け惜しみだ」などと反論する内容も多く投稿された。

■2018・10・16

＊ファクトチェック　言説検証に新手法＊

「『偽』と断定するのは困難だったのでは」

「検証体制は自社でできるのか」

10月6日、東京都内に全国の新聞社の若手記者が集まった。新聞労連主催の記者研修会で、琉球新報が9月に不定期に掲載した企画記事「ファクトチェック」について質問が相次いだ。各地方紙で、ネット上での言説を検証したいとの要望が高まっているのを実感した。

琉球新報は、9月30日に投開票された県知事選を巡る選挙報道で、ネット上のデマや中傷を検証する「ファクトチェック・フェイク監視」を初めて実施した。併せてツイッター上の膨大な書き込みの分析にも初めて挑戦した。

ネット上の言説が投票行動に影響を与えてはいないか――。以前から記者の間では疑問が出ていた。影響の有無は判別しにくいが、うそが事実であるかのように広まっている現象は認識していた。だが、これまで記事化にまで踏み込んだことはなく、「ファクトチェック」はその反省もあって始まった。

候補者のツイッターなどを閲覧する中で〝沸騰〟した言葉に注目し、通常の選挙取材と同時並行で検証した。NPO法人ファクトチェック・イニシアティブ（FIJ）の特別プロジェクトにも参加した。

記事化する上で留意したのは、事実に語らせて書くことだ。さらに、選挙期間中に記事を出すことも心

県知事選で初めて実施した「ファクトチェック」。それまで見過ごされてきたネット上の言説を事実でもって検証するという、地方紙としても新たな取り組みとなった

掛けた。投票行動の判断材料にならないと意味がないと思ったからだ。

課題も残した。言説の選定基準だ。今回はSNSを複数の目で監視する中で頻出する単語を選定した。その手法を後から検証できるように、監視ログ（記録）を残しておくなどの取り組みも必要だろう。

今回は特定の候補者を利さないよう、紙面では匿名にして記事を書いた。一方でそのせいで記事が分かりにくくなった面もあった。選挙報道は候補者ごとに行数をそろえるなど公平性に留意する。だが、ニュース記事として報じる上ではその限りではないとの見解もあり、編集局内でも意見が分かれた。

今後もファクトチェックを継続するためにも、属人的になり過ぎないシステムも検討すべきかもしれない。

（滝本　匠）

■2018・10・28

✺知事選報道の成果報告　ファクト検証巡り議論✺

9月末の沖縄県知事選で、各報道機関で実施されたファクトチェックの成果と今後の展望を話し合うセミナー（主催・NPO法人ファクトチェック・イニシアティブ＝FIJ）が10月27日、東京都渋谷区のスマートニュース社内であった。

琉球新報の滝本匠東京報道部長が取り組みを紹介し、今後も報道機関として継続する考えを強調した。FIJの楊井《やない》人文《ひとふみ》理事兼事務局長は「（沖縄の）県民投票もある。統一地方選もある。より多くのメディアを巻き込めれば認知も深まる」と、広がりに期待した。

会場にはメディア関係者らが集まり、議論に耳を傾けた。フロアからは、ファクトチェックは政治だけでなく、生活や健康被害に関するものも求められているとの意見も出た。選挙報道は公平性を気にして硬直化しているとの指摘も上がった。

パネルディスカッションで司会を務めたFIJの立岩陽一郎副理事長は、「映像を使ってやるのが、世界のファクトチェックの趨勢になっている。重要なのは分かりやすく伝えるということだ。日本は始まったばかりだ」と話した。

沖縄で知事選を取材したBuzzFeed Japan記者の瀬谷健介さんは、ファクトチェックで候補者名を出すかどうかについて、「実名か匿名か議論した。調べれば分かることで、読者のことを考えると実名でいいとの判断になった」と説明した。

■2018・11・16【ファクトチェック】

※菅官房長官、普天間巡り誤答弁※

日米合意、「事故」きっかけ⬇〇 少女乱暴事件　稲嶺知事も辺野古合意⬇〇 条件外され反発

菅義偉《すがよしひで》官房長官は11月15日の参院内閣委員会で、米軍普天間飛行場返還の日米合意に至る経緯を巡り、「今から22年前に事故があり、橋本龍太郎元首相とモンデール駐日大使との間で県内移設が合意された。政府としては危険除去をなんとしてもやり遂げたい」と発言した。質問した木戸口英司議員（希望の会）が「きっかけは少女暴行の『事件』だ。逆に普天間の危険のすり替えに聞こえる」と指摘した。木戸口氏は、1995年の少女乱暴事件を受けて日米両政府が普天間飛行場の返還へ協議を始めた経緯を挙げ、菅氏の発言をただした。

普天間返還合意は危険性除去がきっかけだったと印象付けかねない菅氏の発言で、沖縄基地負担軽減担当相としての基本認識も問われそうだ。

菅義偉官房長官

木戸口氏の指摘を受けた再答弁でも菅氏は、「事件もあったが、その以前に事故があったことも事実ではないか。その点で移設の要望があったことも事実だ」と、あくまで事故があることで普天間返還の要望が地元から上がっていたと反論した。さらに菅氏は日米の普天間返還合意を受けて、「3年後に地元の市長と県知事が合意し、辺野古について国が閣議決定した」と地元合意を強調した。

当時の稲嶺恵一知事は、合意に当たって軍民共用と15年使用期限を条件にしていたが、その後政府はこれらの条件を外した閣議決定を改めて決めており、そのことに稲嶺元知事は反発していた。現在も地元合意が存在したまま計画が進んでいるかのような印象を与える発言となっている。

さらに現在の辺野古新基地建設計画について菅氏は、「V字型は着陸と発進が別になるので、極めて危険の少ない（計画で）、これは地元の要望でV字型にした経緯もある」と、ここでも地元の意向を強調してみせた。

（滝本　匠）

■2018・12・31【ボット（bot）検証】

✺中傷を自動で拡散　ボット機能使い瞬時に発信✺

9月30日に投開票された県知事選の選挙期間中、インターネット上で、自動的に情報を発信する「ボット（bot）」と呼ばれる機能が使われ、悪質な中傷を含む情報が機械的に拡散されていたことが分かった。ボットは、インターネット上で一連の作業を自動で行うように設定された「ソフトウェア・ロボット」

の略称で、ＳＮＳで活動するものを「ソーシャルボット」と呼ぶ。ツイッター上には特定の時間に投稿したり、他の利用者の投稿に返信したりするボットなどがある。ボットと明記してニュース速報や名言などを投稿するものもあり、投稿の拡散なども行っている。

沖縄県知事選が告示日前日の９月12日から投開票日前日の29日までにツイッターで発信された内容に関して、投稿の頻度や時間帯、発信者が規則的な動きをしているか、など複数の要素を勘案して登録者（アカウント）がボットかどうかを分析した。

選挙期間中に、ツイッターで県知事選に関する情報を発信した約２万５千の登録者から無作為に抽出した１２５０件を分析したところ、少なくとも約４・８％がボットだった。ボットのうち約７割は候補者の玉城デニー氏に対する悪質な中傷を含む内容を投稿していた。複数のボットを用いて中傷をほぼ同時に拡散させていた登録者もおり、ツイッター社が登録を凍結したとみられる事例も確認された。

手動より、短時間で大量に情報を発信することができるボットが、選挙期間中にフェイク（偽）やヘイト（憎悪）、誹謗中傷の拡散に悪用されている現状が浮き彫りになった。

調査を見ると、２万４７４３の登録者が県知事選挙に関する情報を発信していた。投稿は告示前日の９月12日から29日までの18日間で、７万７８５３件に及んだ。今回は登録者が直接投稿したツイートに限定して分析した。

分析のために抽出した登録者１２５０件のうち、ボットと認定された登録者は60件だった。誹謗《ひぼう》中傷しているブログやほかの人のツイッターの投稿をそのまま引用したり、再投稿したものが多く見られたが、中にはボット自身が他の投稿の言葉や文を拾って作成したとみられる文章を発信した例も確認できた。

あるボット投稿は玉城氏陣営がネットの虚偽情報を、名誉毀損《きそん》罪で告訴したことを挙げ、「余りにもひどすぎる弾圧攻撃」と玉城氏陣営を批判していた。その上で「死んで日本国内から消えてもらいたい」と発信した。別の投稿は玉城氏を「選挙違反常習犯」と中傷し、「負けるわけにはいかん」などと投稿した。さらに別のボット投稿では、「こんなヤツが沖縄県知事になったら沖縄は終了」「当選したら早く独立宣言してください」などとヘイト表現で発信した。

告示前の9月11日には「基地を造って平和になることは絶対にない」と述べた玉城氏の発言に、タレントがネットの番組で「変な薬飲んでない？」と揶揄《やゆ》した内容が、午前2時すぎと午前6時すぎにそれぞれ約20件ずつ、同時に全て違う発信者で投稿されているのが確認された。

投稿のほとんどはその後、登録が削除されていた。ボットの対策として同時刻に違う登録者名で大量に投稿されるケースを取り締まっているツイッター社が、登録を凍結したとみられる。

ボットはインターネット上の有料サービスなどで利用でき、大量情報を自動で発信できるため、2016年の米大統領選などで虚偽の情報を拡散させたとの指摘もある。

（ファクトチェック取材班・池田哲平、安富智希、宮城久緒）

■2018・12・31【ボット（bot）検証】

✻ヘイト増幅にボットを悪用　候補者投稿も自動拡散✻

県知事選の期間中、玉城デニー氏と佐喜真淳氏の2人の立候補者がツイッターで発信した投稿について、機械的に自動発信するボットによって再投稿（リツイート）され、拡散する動きも確認できた。本人投稿の数は玉城氏が佐喜真氏より多いものの、ボットでの再投稿はボットの数、投稿数とも佐喜真氏が玉城氏を上回る逆転現象が起きていた。

本人投稿のボットによる再投稿には候補者の発言を広める目的があるとみられ、中傷めいた文章は添えられない傾向にある。拡散して多くの人の目に触れさせることで、選挙戦の優位性を強調する効果があるといわれている。

告示前日の9月12日から投開票前日の29日までの18日間で、本人が投稿した数は玉城氏が404件で、佐喜真氏の263件を上回っている。一方、本人投稿を再投稿した登録者（アカウント）の数は、玉城氏が717なのに対し佐喜真氏は1002に上る。うちボットは玉城氏19、佐喜真氏61で、佐喜真氏が3倍超だった。

本人投稿を再投稿した数は玉城氏8851件で、佐喜真氏は約1・6倍の1万4461件だった。うちボットによる再投稿数は玉城氏723件で、佐喜真氏は約2・8倍の2014件に上った。

（宮城久緒）

ボットを使った情報拡散のイメージ

■2018・12・31【ボット〔bot〕検証】

✺特定の候補を攻撃　選挙後、削除相次ぐ中傷ボット✺

「玉城氏は中国の属国（奴隷化）を目指している」「翁長前知事の言い分をコピーしているだけ」——。スマートフォンで県知事選関連のサイトやツイッターを開くと、罵詈雑言《ばりぞうごん》の数々が目に飛び込んでくる。手動での投稿に加え、ボットで機械的に発信された悪意のある言葉は県知事選挙の期間中、ネット上に大量にあふれた。こうした投稿の一部は現在確認することができなくなっている。

連日、悪質な投稿を繰り返していた複数の登録者が、県知事選終了後、ぴたりと投稿をやめ、登録を削除したからだ。特定の候補者に対し根拠のない批判や中傷をする言説をツイッターで書き続け、この候補を落選させる目的でツイッターを開設したとしか思えないものもあった。ネットやSNSの発展に伴い、多くの支援者、一般人を巻き込んだこのような〝選挙戦〟がはびこりつつある。

選挙期間中、知事選に関する情報を発信した約2万5千のアカウントから、無作為に抽出した1250件を分析したところ、知事選後に削除された登録者は85件あり、344件を発信していた。

削除された投稿では、玉城氏が共産党の支援を受けていることを強調したり、ネット上で出回った言説に対し、「デマなら反論しろ」と攻撃したりするような内容が目立った。「中国の属国を目指している」と投稿した登録者は40件を発信したが、同じ内容の繰り返しもあった。

削除されている登録者のうち、告示日前日の9月12日から投開票日前日の29日までに10件以上発信したのは6人。ほかの登録者は1桁台の投稿で、1回だけ発信した投稿者が53人を占めた。しかし、登録数の上位6人だけで投稿数の約6割を発信していた。投稿内容のほぼ全てが、玉城氏を中傷したり、攻撃したりする内容だった。

（宮城久緒）

■2018・12・31【ボット〔bot〕検証】

✺選挙結果動かす恐れ　識者「即座の反応避けて」✺

2018年の県知事選で、ツイッターに機械的に自動で投稿するボットの割合が4・8％だったことについて、計算社会科学が専門の名古屋大学大学院の笹原和俊講師は、「欧米と比べるとそれほど高い数字とは思わない。組織的にやっているというより、個人戦でやっている印象がある」と述べた。

琉球新報の取材に答える笹原和俊講師＝名古屋大学大学院

2016年の米大統領選でボットの投稿が有権者の投票行動に影響を与えたとして、ツイッター社はボットの規制を強めている。県知事選中に発信し、後で凍結されたボットとみられる投稿もあった。

笹原氏は「今後はツイッター社でも見抜けないような高度なボットが増えていく」と指摘する。人工知能の発達に伴い、人間とボットの区別が難しくなる時代も遠い未来の話ではない。「そのようなボットが出てくると本当の脅威だ」と笠原氏は危惧する。

ボットは特定の文言がある投稿をリツイート（再投稿）することもできる。今回の調査では再投稿は対象にしておらず、笹原氏は「再投稿を加えると、ボットの割合はさらに多くなると思う」と推測する。ボットによる大量の再投稿によって特定の候補者が盛り上がっているように見えれば、「同調圧力が働き、選挙を間違った方向に導く恐れがある」と笹原氏は語る。

さらに「ボットイコール悪ではないが、悪意を持って使われれば、中傷やデマが拡散される。利用者は投稿に即座に反応せずに、情報源を確認するなどして理性や理屈で考えることが大切だ」と提案した。

（安富智希）

■2019・1・1

✺情報の荒波を渡れ　フェイクに流されないニュースの読み方✺

スマートフォンの普及やSNS（会員制交流サイト）の利用者拡大により、誰でも得たい情報にアクセスでき、「ニュース」の発信者になれる空間がインターネット上に広がっている。

おびただしい情報が発信され、消費される〝情報の海〟には真偽不明の情報や誤情報、悪意を持ったフェイク（偽）ニュースが含まれ、時に人権や思想の自由を無視した憎悪（ヘイト）表現となって個人攻撃に

エコーチェンバー（左と右奥）、フィルターバブル（右手前）の概念図

向かうきっかけともなる。基地問題などで政府と対峙する沖縄も、さまざまな場面でフェイクやヘイトの標的となってきた。私たちはどのようにネット上の情報と向き合えばいいのか。沖縄に関する「ニュース」を検証し、フェイクニュースを信じてしまう構造に迫る。

❖偏っているのはあなた？
フィルターバブルとエコーチェンバー

インターネットの普及に伴う情報化社会ではさまざまな情報があふれている。発達し続ける人工知能（ＡＩ）による解析などによって、スマートフォンやコンピューターを介して得られる情報は、個々人の好みに過度に偏る傾向にある。このような情報環境は「フィルターバブル」と呼ばれ、フェイク（偽）の拡散の一因となっている。

名古屋大学大学院の笹原和俊講師は「情報が多すぎて、自分が欲する情報をいち早く得たいという欲求が人々にはある。もともと持っている信念や価値観に合うものが拡散されやすく、友人が拡散した情報は信じやすくなる。しかし、そこでは『真実かどうか』は一切関係ない」と指摘する。

SNSでは同じような考えを持つ人同士がつながりやすく、異なる意見が入ってこない「エコーチェンバー（共鳴箱）」が発生しやすい。同じ意見が響き合うエコーチェンバーの中では「同調圧力によりフェイクでも信じてしまうようになる」と笹原氏は警鐘を鳴らし、「多様な人たちがほどよいつながりを持って、新しい考えや価値を生み出す状況をつくらなくてはならない」と提案した。

◆識者の視点

沖縄の正しさ汚すネトウヨ――古谷経衡さん（文筆家）

日本では歴史に関して無知な人が多い。それはネット右翼だけでなく、社会全体に言える。歴史を知らないからネット上にある（事実に基づかない）「歴史の真実」にだまされる。日本の公教育や受験システムの問題ではないか。

古谷経衡さん

保守系言論人によるネット右翼を相手にした愛国ビジネスが成り立っている。ネットの動画番組で著書などを宣伝する。主張を過激にしないと既存のファンも離れるので、さらに過激になり恐怖をあおる。

保守系言論人やネット右翼には、「米国のようになりたい」という敗戦コンプレックスがある。彼らにとって米国は善人でなければならない。「日本はすごい」

と言いながら、米国に屈服していると認めたくない。沖縄の現実を見れば、誰がどう見ても植民地扱いだ。真の右翼なら、日米安保条約や地位協定を改定して自主独立を主張するはずだ。

辺野古新基地に反対する沖縄の主張の正しさは、口には出さないけど、保守系言論人も気付いていると思う。だから「金で反対している」などと言って主張を汚す。沖縄に自分たちより正統な保守があることを認めたくない。

だから今後も沖縄ヘイトは続くと思う。

◆識者の視点

排外主義〝敵〟つくって連帯――辻　大介さん（大阪大大学院准教授）

辻　大介さん

私の研究ではインターネット上の情報から影響を受けると、排外主義的な傾向を持っていた人はより排外主義的になった。ネット上では排外的な情報が目立つからではないか。

感情に訴える意見がネットでは拡散する。意見の両極化も起こりやすく、右派の感情を刺激する主張は「敵／味方」という図式を設定しやすい。海外でも日本の場合でも、右派的な情報が拡散される傾向がある。最近は弱者を敵にするようなものが目立つ。

ネット上の排外主義を調べると、孤独感の強い人に排外感情が強くなる傾向がある。敵をつくり、味方同士で連帯を強めている。そこで承認欲求を満たすということがあるのではないか。ウェブ調査ではネット利用者の1・1％が排外的な傾向を持ち、嫌中嫌韓であるなどのネット右翼の定義に当てはまった。彼らは積極的にネットで発信しているので、実際の数よりも10～20倍の規模を持って印象付けられる。

ネットでは自分の意見を伝えようとしても、ありきたりな表現だと誰も注目せず、サイトの閲覧数は増えない。過激なことを言って、注目を浴びようとする人は確実に増えている。

（ファクトチェック取材班・池田哲平、安富智希　デザイン・濱川由起子）

■2019・1・8　【ファクトチェック】

※辺野古埋め立て　首相「あそこのサンゴは移植」は事実誤認※

土砂投入海域の移植ゼロ　別海域の9群体だけ

米軍普天間飛行場の名護市辺野古への移設に伴う埋め立てに関し、安倍晋三首相は2019年1月6日に放送されたNHKのテレビ番組「日曜討論」で、事実を誤認して発言した。

安倍首相は「土砂投入に当たって、あそこのサンゴは移植している」と述べたが、現

海草藻場が広がる土砂投入区域＝2013年4月、名護市辺野古の水深約1メートル

在土砂が投入されている辺野古側の海域「埋め立て区域2―1」からサンゴは移植していない。埋め立て海域全体では約7万4千群体の移植が必要だが、7日までに移植が終わっているのは、別海域のオキナワハマサンゴ9群体のみにとどまっている。

沖縄防衛局は、土砂投入の海域付近にあった準絶滅危惧のヒメサンゴ1群体を当初移植する方針だった。県から移植に必要な特別採捕許可が得られなかったことから、特別な装置を用いてサンゴを囲み、移植を回避するよう工法を変更した経緯がある。

首相の発言について玉城デニー知事は7日、ツイッターに「安倍総理…。それは誰からのレクチャーでしょうか。現実はそうなっておりません。だから私たちは問題を提起しているのです」と投稿した。

サンゴの生態に詳しい東京経済大学の大久保奈弥准教授は、「発言は事実と異なる。サンゴを移植しても生き残るのはわずかで、そもそも環境保全策にはならない」と指摘した。

沖縄防衛局は、サンゴの移植は1メートル以上の大きさを対象とし、1メートルより小さいサンゴは移植していない。

これまでに移植したオキナワハマサンゴ9群体は、いずれも「埋め立て区域2―1」ではない場所に位置していた。

移植に向けて沖縄防衛局が県に特別採捕許可を申請している約3万9千群体のサンゴも、現在の土砂投入海域にはない。県は申請を許可していない。

首相は「砂浜の絶滅危惧《きぐ》種は砂をさらって別の浜に移す」とも発言した。沖縄防衛局の事業で、貝類や甲殻類を手で採捕して移した事例はあるものの、「砂をさらって」別の浜に移す事業は実施していない。

■2019・1・8
✳「フェイク」過去にも　政権、基地関連で印象操作✳

沖縄の基地問題に関して、安倍政権幹部からは「フェイクニュース」と取れる間違った情報や誤解を与える可能性のある発言が、たびたび発出されてきた。

菅義偉官房長官は18年の国会で、米軍普天間飛行場返還合意のきっかけについて、少女乱暴事件ではなく、あくまで「事故」があったと繰り返した。さらに別の会見では基地負担軽減について、過大な表現との印象を与えかねない表現もあった。

菅氏は18年11月15日の参議院内閣委員会で、普天間飛行場返還の日米合意に至る経緯について「22年前（1996年）に事故があり、県内移設が合意された」と述べた。実際は95年の少女乱暴事件をきっかけに両政府の間で日米特別行動委員会（SACO）が設置され、返還協議が始まった。

質問した木戸口英司議員が「事件だ。逆に普天間の危険のすり替えに聞こえる」と事件と事故の違いをただしたにもかかわらず、「事件もあったが、それ以前に事故があったことも事実ではないか」と、発言を修正することなく反論を続けた。その後、記者会見で事故なら何の事故かと問われても詳細は答えず、事故があったと繰り返した。

同じ参院の内閣委で菅氏は辺野古移設について沖縄県と名護市が合意したとも述べ、辺野古新基地建設推進の地元合意を強調した。だが当時の県の受け入れ条件は軍民共用と15年使用期限だったが、２００６年の閣議決定でこれらの条件は破棄された。合意の前提が崩れたことには言及しないまま、地元合意だけを強調した。

さらに菅氏は18年1月19日の会見で、沖縄の基地負担軽減への取り組みについて「嘉手納《かでな》以南の基地も7割返還されるめどをつけている」と述べ、大幅に沖縄にある基地が削減される印象を与えるような発言をした。

だが実際は、返還合意された基地の多くが県内移設が条件で、返還された分がそのまま沖縄からなくなるわけではないという側面については言及しなかった。

■2019・1・9【社説】

✺首相サンゴ移植発言　フェイク発信許されない✺

安倍晋三首相がNHK番組「日曜討論」で、米軍普天間飛行場の移設に伴う名護市辺野古の埋め立てについて「土砂投入に当たって、あそこのサンゴは移している」と、事実と異なる発言をした。一国の首相が自らフェイク（偽）の発信者となることは許されない。

NHK解説副委員長の質問に対して首相は、土砂を投入している区域のサンゴは移植しており、砂浜に生息する絶滅危惧種を砂ごと移す努力もしていると述べた。

これらは事実ではない。

現在土砂が投入されている区域ではサンゴの移植は行われていない。埋め立て海域全体で約7万4千群体の移植が必要で、終わっているのは別の区域の9群体のみだ。他のサンゴ移植は沖縄県が許可していない。砂ごと生物を移す事業も実施していない。

首相の発言は準備されていたはずである。簡単に確認でき、すぐに間違いと指摘されることを、なぜ堂々と言うのだろうか。県民の意向を無視し違法を重ねて強行している工事の実態から国民の目をそらすため、意図的に印象操作を図っているのではないか。

首相は「全く新しく辺野古に基地を造ることを進めている」との誤解が国民にあると述べ、「誤解を解かなければいけない」として、危険な普天間飛行場を返還するために辺野古に基地を造るのだと強調した。

この点についても多くの疑問や批判が沖縄側から出されてきた。移設先が県内でなければならない理由はないこと、普天間にない軍港や弾薬庫などの機能が備えられること、新基地の完成時期が見通せないこと、完成しても普天間が返還される保証がないことなどだ。

これらに対する説明を避けたまま、政府は普天間固定化か新基地かという身勝手な二者択一論を押し付けてきた。それが今回も繰り返された。

政府首脳による事実と異なる発言はこれまでも続いてきた。菅義偉官房長官は普天間飛行場返還合意のきっかけを、少女乱暴事件ではなく事故だったと強弁し続けた。

普天間飛行場の5年以内の運用停止について首相は「最大限努力する」と約束していたが、実現の見通しのない空手形だった。これも意図的なうそだったのではないか。

首相が頻繁に口にし、今回も最後に述べた「沖縄の皆さんの気持ちに寄り添っていく」「理解を得るようさらに努力する」という言葉も、フェイクにしか聞こえない。

今回、もう一つ問題があった。事前収録インタビューであるにもかかわらず、間違いとの指摘も批判もないまま公共の電波でそのまま流されたことだ。いったん放映されると訂正や取り消しをしても影響は残る。放送前に事実を確認し適切に対応すべきだったのではないか。放置すれば、放送局が政府の印象操作に加担する形になるからだ。

■２０１９・１・９【ファクトチェック　辺野古県民投票２・24】

✴ＳＮＳで誤情報拡散　×　市町村が経費負担、○　県が全額交付✴

名護市辺野古の新基地建設に伴う埋め立ての賛否を問う県民投票を巡り、市町村議会で投票事務の経費を盛り込んだ予算案が否決される事態が相次いでいることに関して、インターネットのＳＮＳでは、市町村が経費を支出するという誤解に基づく書き込みが拡散している。県民投票にかかる経費は全て県が支出する。

ＳＮＳでは「県がやろうって言ってるのに、なぜ各市町村に予算を負担させるの？」「県が全ての経費を負担すべきだ。全額、県が負担するのが筋だ」などと書き込まれている。

県民投票の経費、約5億5千万円を計上した補正予算案は２０１８年10月26日、県議会で可決された。条例では、県の事務のうち名簿の調製や投開票事務などを市町村に移譲すると規定している。事務の移譲に伴い、市町村の事務にかかる経費は地方財政法28条に基づき県が市町村に交付する。

市町村は、歳入や歳出予算について議会の議決を得る必要がある。県内41市町村は地方自治法２１８条に基づき、県からの交付金を財源として、県民投票の事務を執行するための経費を予算に計上し、議会に提出した。

ただ、再議で否決されても首長は、原案を執行する権限がある。県も県民投票の経費は「義務費」として、再議で否決されても首長に支出する義務があると説明している。

しかし、宮古島市、宜野湾市、沖縄市の3市長は支出を拒んでいる。これについてSNSでは、「県民投票と言いながらその費用を市町村に負担させようとするからでは」「不服なら全額県が費用負担すれば良い」「何で市町村の大切な予算を当てにするのかなぁ?」などの書き込みが見られる。

■2019・1・10【単眼複眼】

✺土砂投入巡り「サンゴ移植している」　首相発言、波紋広がる✺

安倍晋三首相が1月6日、NHKのテレビ討論番組で「土砂投入に当たって、あそこのサンゴは移植している」と発言したことが波紋を広げている。沖縄防衛局は移植対象のサンゴを1メートル以上の大きさや絶滅危惧種の希少種のみに絞っており、その他の小さなサンゴは移植されないまま埋め立てられているのが現状だ。識者は「防衛局が決めた移植対象の基準に科学的根拠はない」と指摘する。安倍首相は環境保全に努めていると強調したが、海草藻場は移植せずに埋め立てを進めており、識者は「サンゴ以外にも多くの生物が生き埋めにされている」とみている。

安倍首相の発言後、インターネットでは「発言はでたらめだ」などの指摘が相次いだ。一方、沖縄防衛局は「あそこ」というのは埋め立て区域全体だとして、安倍首相の発言は間違いではないと主張する。

埋め立て海域全体で防衛局が移植対象とするサンゴは約7万4千群体だが、土砂投入が進む「埋め立て区域2—1」には防衛局が移植の対象とする大型や絶滅危惧のサンゴはない。これまでに移植されたのは、

別の海域に生息していた絶滅危惧種のオキナワハマサンゴ9群体だけだ。

埋め立て区域2―1には小さなサンゴが多く生息し、本島周辺では最大の海草藻場が広がる。海草は「海のゆりかご」と呼ばれる多くの生物のすみかで、国指定天然記念物のジュゴンの餌でもある。2013年に琉球新報記者がこの海域に潜水した際、サンゴのほか、モズクやタツノオトシゴが確認できた。

日本自然保護協会の安部真理子主任は、「希少な海草は生き埋め状態で、最低限の環境保全もできていない」と指摘した。またサンゴの移植については、「そもそも大きさや、生息する水深で区切って移植するか判断することがおかしい」と強調した。

菅義偉官房長官は1月8日の記者会見で首相の発言について認識を問われ、「環境監視等委員会の指導、助言を受けながら適切に対応していくということで全く問題はない」と明言を避けた。琉球新報などが区域内でサンゴの移植がなかったと報じたことについては、「（報道に基づいた質問に）答えることは政府としてしない」と、一顧だにしなかった。

沖縄防衛局は9日、琉球新報の取材に対し、埋め立て区域内に生息していたサンゴ9群体や砂浜に生息する底生動物を区域外に移動したとした上で、「方法を環境監視等委員会で説明し、委員の指導助言を得

ながら進めてきた」と、手法の妥当性を強調した。（清水柚里）

■２０１９・１・１０【金口木舌】

ファクトチェック広がる予感

年初から予言めくが、２０１９年は日本のジャーナリズムにとって大きな転換点になるかもしれない。報道の在り方に新たな潮流が出てくるのではないか。

沖縄を除く全国で4月に統一地方選挙が実施される。夏には参院選がある。衆参同日選も取り沙汰される。そんな中、ネット上を飛び交うさまざまな情報の真偽を検証する新聞報道が相次ぐのでは、という予感がある。いわゆる「ファクトチェック」だ。

琉球新報は18年9月の沖縄県知事選の期間中、初めてファクトチェックを実施した。選挙後、地方紙を中心に多くの記者から、取り組みの経緯や手法、課題などについて問い合わせがあった。

実は戸惑いを感じた。そんなに注目されることなのか。こちらとしてはただ、誤った情報を有権者に届けたくない、読まれる記事を書きたい、との思いで取り組んだ

記者たちは「従来の選挙報道の枠では考えられない」「どうしてネットメディアではない新聞社にファクトチェックができたのか」と畳み掛けるように聞いてきた。既存の枠を打破したい、貪欲な記者魂を強く感じた

この取り組みは知事選で終わらない。県民投票を巡る間違った情報の検証に加え、新年から連載「沖縄フェイクを追う」も始めた。選挙イヤーの2019年、他県でもファクトチェックを取り入れる新聞が出てくるはずだ。新たな可能性にわくわくする。

■2019・1・16【社説】

✺政府デマ抑止対策　「表現の自由」が前提だ✺

選挙や災害時のデマ拡散抑止に向けて、本格的な対策をまとめるため政府が検討を進めている。フェイク（偽）ニュースに影響を受けた人々の投票が選挙結果を左右しかねないという危機感が背景にあるという。額面通りに受け取っていいものだろうか。

2018年の沖縄県知事選では、明らかな偽情報や検証できない真偽不明の情報で候補者を誹謗中傷する投稿がインターネット上で相次いだ。攻撃の矛先は専ら、政府と対立する玉城デニー氏（現在の知事）だった。模範となるべき国会議員までがツイッターで事実と異なる情報を発信した。会員制交流サイト（SNS）で怪情報を流布させ他候補のイメージダウンを図る手法を選良と呼ばれる人が平然とやってのける。政治家のモラルの低下を印象づけた。

政府・与党はこのような異常な事態を放置し、傍観していた。ここへ来て唐突に「民主主義の根幹を揺るがす事態になる恐れもある」といった認識が示されるのはなぜか。

参院選などを控え、政権批判の投稿をなくしたいという思惑が透けて見える。

情報を配信している企業によって、誤った投稿内容への責任の在り方や防止策にばらつきがあるのは事実だ。一段の対応を促す必要はあるのだろうが、デマの判定は一筋縄ではいかない。

ＳＮＳには虚偽情報があふれる一方、正当と思われる批判・指摘も多々ある。デマの拡散防止を迫られたとき、情報配信事業者はどう対応するだろうか。正当な論評とフェイクの区別がつかず、一緒くたにして処理することが起こり得るのではないか。

政府は、憲法が保障する「表現の自由」に配慮し法制化は見送る方向だという。たとえ法律で規制しなくても、結果として、表現の自由が脅かされる恐れがある。

災害時のデマの拡散防止で何らかのルール作りが必要であることに異論はない。人々を混乱させ、場合によっては人命に関わりかねないからだ。18年の西日本豪雨では、「レスキュー隊のような服を着た窃盗グループが被災地に入っている」という偽情報が飛び交った。北海道地震では、再び大きな地震が起きるとのデマが拡散した。

取り組みが先行する欧州では、欧州連合（ＥＵ）が米ＩＴ企業やネット広告会社に行動規範の策定を求め、合意した。偽ニュースを流すアカウントの停止、政治広告の出稿者や出資者の明確化、ファクトチェック（事実確認）の強化などの対策も掲げる。

総務省も米ＩＴ企業や情報配信事業者に自主的な行動規範の策定を求めることを視野に入れる。表現の自由の侵害につながることがないよう、あらゆる事態を想定し、慎重の上にも慎重を期すべきだ。

ＳＮＳを利用する側には、デマの拡散に加担しないだけの分別が求められる。

■2019・1・31【金口木舌】

✵政府によるフェイク発信✵

2018年の県知事選でネット上の情報の真偽を検証するファクトチェックをした。候補者への誹謗中傷も多かったが、「沖縄の基地負担が大きいというのは幻想」との誤った言説も再び出現した。

在日米軍専用施設面積の70％が沖縄に集中するという数字は「米軍関連施設を全て含めれば22％程度で「数字のマジック」と主張する。自衛隊との共同使用施設を含めると数字は正しいが、その米軍利用実績は少なく、沖縄に多い専用施設での現実の基地負担を表していない。

これも「数字のマジック」だったか。安倍晋三首相がNHKの日曜討論で辺野古新基地建設に関し「あそこのサンゴは移植している」と述べた。沖縄防衛局が移植対象とするサンゴは埋め立て海域全体で約7万4千群体。そのうち移植したのは9群体のみ。

厚生労働省の毎月勤労統計で不正が発覚した。賃金動向を把握する数字だけに、これまでの賃上げを巡る労使交渉にも影響があったのではと懸念も出る。安倍政権肝いりのアベノミクスの「成果」と喧伝された賃金の伸びは下方修正された。

さらに他の府省庁の基幹統計でも不適切処理事案が見つかった。どこまで広がるのか。政府自身がフェイクを発信し続けていたのである。「統計すなわち国」という。事は統計にとどまるのか。サンゴの移植でも誤った情報を流布する。国の根幹が揺らいでいる。

■2019・2・4【ファクトチェック　辺野古県民投票2・24】

＊なりすましで「賛成に○を」　そっくりアカウント、指摘後削除＊

辺野古新基地建設に伴う埋め立ての賛否を問う県民投票に向けて、「新基地建設反対県民投票連絡会」が開設したツイッターの情報発信アカウントに似せて、正反対の主張を発信するアカウントが作成されていた。

このアカウントは1月31日午後には削除されたとみられる。新基地建設反対県民投票連絡会は「なりすましだ」として、ツイッター社に削除を依頼していた。

「沖縄の未来は私たちが決める！　2・24辺野古県民投票」と書かれた丸形のプロフィル画像は全く同

新基地建設反対県民投票連絡会のアカウント（上）と、そっくりなアカウント（下）。県民投票連絡会のツイート内から

じデザイン。新基地建設反対県民投票連絡会の見出しの「2・24県民投票連絡会『反対に○』」に対し、「2・24県民投票連絡会議『賛成に○』」と表記し、呼びかけ文も、「反対に○」が「賛成に○」に書き換えられているだけで、ほぼ同じ内容だった。

プロフィル画像は31日午前には別の表示に変更され、午後にはアカウント自体がなくなっていた。新基地建設反対県民投票連絡会の担当者は、「県民を混乱させようとしているのではないか。削除はツイッター社か本人か分からないが、早いうちに対処できて良かった」と話した。

■2019・2・4【ゆくい語り・沖縄へのメッセージ】

✺差別の大衆化に警鐘――安田浩一さん(ジャーナリスト)✺

ヘイトスピーチや差別の問題を長年取材しているジャーナリストの安田浩一さん(54歳)は、沖縄に向けられる差別やヘイトについても取材を続け、発信している。沖縄へイトが生まれる背景について「『朝鮮人死ね』と言っているやつと、沖縄非国民と言っているやつは同じ。権利を主張する人が憎悪される社会になっている」と指摘し、差別が「大衆化」している現状に警鐘を鳴らした。

自身を「雑誌屋」と呼び、ストレートニュースを追う新聞記者とは違い、そのニュースの背景を探るのが本分だと強調する。その意味で、琉球新報が2018年9月の県知事選で始めて、現在も続けているファクトチェック(事実検証)報道を、「本来は雑誌の役割だと思っている。琉球新報のファクトチェックを見ていて軽い嫉妬があった」と話した。

多くの記者やライターが「沖縄」を題材に記事や本を書く中にあって、「差別を経験している人のために、その記事は役立っているのか」と自身に問い掛け、取材を続けている。

❖「沖縄問題」と言わない信念を活字に

――週刊誌記者としてスタートした。

「特ダネとは無縁の記者だった。新聞が正規軍なら雑誌はゲリラ。主力にはならないが、その一刺しは時に大きな力を持つ者にダメージを与えることができる。社会を監視する上で、絶対必要という思いがある」

インタビューを受ける安田浩一さん＝琉球新報社東京支社

――沖縄に関しても、沖縄2紙への攻撃や沖縄ヘイトともいうべき動きを取材し続けている。

「沖縄を巡る報道になぜ僕がむきになるかというと、もちろん沖縄への物言いに憤りもあるが、同時に同業者への憤りでもある。満足に取材せず、ネット上の文言でただおとしめることだけを目的に沖縄という地域を報じているメディアが多すぎる」

――何がきっかけで沖縄を意識しだしたのか。

「一つは1995年の米兵による少女暴行事件。何か行かなきゃと県民大会に出た。98年の大田昌秀さんと稲嶺恵一さんの選挙の取材もあった」

――私はちょうどその年に入社した。初の知事選取材で何も分からない中で打ち上げ式を取材した。

「印象に残っているのは電信柱の『県政不況』というビラ。大田県政批判もあっただろうが、沖縄ならではの不況の内実とは何なのかを考えた。95年の県民大会、98年の県知事選を通して、沖縄というものがなんとなく僕の中で見えてきた。沖縄だけの現象ではなく、県外の僕らが考えなきゃいけないことがあると意識するようになった」

――私は大阪生まれで琉球新報に入社した。県外出身者が沖縄の新聞で記事を書くとはどういうことなのかと考える。沖縄戦を体験した親戚がいるわけでもない。沖縄在住でない人が沖縄を書くことを安田さんはどう消化しているか。

「僕なんか未整理だ。『基地と沖縄』の問題は大事なテーマで僕もきちんと咀嚼したいが、そうすることで自分が何か安全圏に立ってしまうのではと思うことがある。今現実にひりひりするような差別を経験している人のために、その記事が役立っているのか。『沖縄問題』という言い方だけはしないようにしたい。日本の社会が沖縄の基地問題を生み出したという視点できちんと向き合わないといけない」

――ヘイトスピーチや在特会の取材も続けてきた。

「石原慎太郎都知事の『三国人』発言があって、抗議の中にいた辛淑玉《シンスゴ》さんに『死ね』などのファックスが延々と流されてきた。そこから日本社会におけるマイノリティーに対する憎悪を意識するようになった」

「宇都宮市で実習生の中国人が職場から逃げ出し、職務質問されてもみ合いになり射殺されたことがあった。その裁判で、ＯＬやベビーカーを押した女性など〝普通の人〟が『シナ人を射殺せよ』と声を上げていた。差別をあおり、人の死を願うストレートな文言にものすごいショックを受けた。結果的にその人たちが在特会に合流していく。２００８年のリーマンショックでまっ先に首を切られたのが外国人。浜松市ではブラジル人と素朴に国際交流にいそしむ〝普通の人〟が、突然外国人を治安の対象と見る。そういうことがこの社会にあるということが非常にショックだった」

「差別は一部の人間のものだけでなくて、大衆化してきた。もはや僕にとってネタじゃない。生きる上でこれがあっては困ると思うようになった。だからそういう視点できちんと記事を書いていこうと思った」

――なぜ「普通の人」がヘイト化するようになったのか。

「そもそも〝特殊な人々〟に限ったものではないと思う。関東大震災直後でも朝鮮人や、避難民の沖縄県人を虐殺したのは自警団に属する〝普通の人々〟だった。普通だからこそ、時にデマにあおられ蛮行に走るのではないか。今世紀に入ってから〝普通の人々〟のヘイト化がさらに進行したのはやはりネットの影響が大きいだろう。匿名性の高いネット言論では過激化しやすい傾向がある」

——オスプレイ配備反対の建白書で沖縄の首長たちが東京・銀座をデモした東京行動では沖縄へイトが浴びせられた。

『朝鮮人死ね』と言っている人と沖縄非国民と言ってる人は同じ。建白書の東京行動は忘れられない。後に翁長雄志知事が都民を批判した気持ちを僕も持った。非国民、売国奴と訴える人間と、何事もなかったように流れる銀座の時間が許せなかった。それは今も続いている。県知事選がこれだけ大きなニュースになってもやっぱりひとごとだ」

——デマをただす形のファクトチェック報道も一つの形だと思った。

「琉球新報のファクトチェックを見て軽い嫉妬《しっと》があった。本来は雑誌屋がやる方が痛快だと思っている。雑誌も新聞も衰退の一途だが、部数減と必要性がなくなった、はイコールではない。報道の役割はなくなっていないし、多くの情報が飛び交う中で、経験と頭数をそろえたプロ集団はますます必要だ」

——そんな中、われわれメディアはどう進むか。

「僕自身はなるべく楽観的に行きたい。ネットに情報があふれる中で、最後に勝つのは揺るがないで報じてきた側だろう。『琉球新報が書いてるから間違いない』というくらいの認識があればいい。逆に記者が自信をなくすのが怖い。自信を持つには取材しかない。そうすれば『僕たち取材してますから』と、自信を持って言えるから」

【やすだ・こういち】 1964年生まれ。静岡県出身。「週刊宝石」や「サンデー毎日」の週刊誌で記者として取材・執筆、2001年からフリーの記者として活躍。ヘイトスピーチなど差別問題や労働問題などをテーマに執筆活動を続けている。2012年『ネットと愛国　在特会の「闇」を追いかけて』で第34回講談社ノンフィクション賞、15年は『ルポ外国人「隷属」労働者』で第46回大宅壮一ノンフィクション賞を受賞した。沖縄関連でも『沖縄の新聞は本当に「偏向」しているのか』の著書がある。

◆取材を終えて

こちらの不見識や無定見ぶりを見透かされているようで緊張するインタビューだった。仕事内容から取材対象に厳しく執拗に迫るであろう姿勢を予想していた。だが、お会いして直接話を聞いて印象に残ったのは、その対象に自分事として関わろうとする雑誌屋・安田さんの真摯さだ。それが仕事の説得力にもつながるのだと感じた。

最近、県外出身者として、沖縄の新聞に記事を書くことの立ち位置を問われる機会が相次いだ。沖縄の戦後史をテーマに青春群像を描いた『宝島』で直木賞を受賞した作家の真藤順丈さんも、県外出身者として沖縄を描くことに葛藤していたと聞いた。そんなこともあって、安田さんの中ではどう折り合いがついているのか聞きたかった。

開口一番「未整理ですよ」。それでも「差別を経験している人のためにその記事は役立っているのか」という観点が、記事を書く上での覚悟となっていることがうかがえた。それは、私自身にも問われていることで、また宿題ができた。

（東京報道部長・滝本　匠）

■2019・2・11【ファクトチェック】

✱県民投票連絡会が「賛成に○」？ 主張正反対酷似横断幕、画像加工か✱

名護市辺野古の新基地建設のための埋め立ての賛否を問う県民投票に向けて、「新基地建設反対県民投票連絡会」が制作した横断幕やツイッターの表紙の画像やロゴに似せて、正反対の主張をする画像がSNSで発信されている。連絡会は「県民を混乱させる狙いがあるかもしれない」と警戒した。

上から１番目は「新基地建設反対県民投票連絡会」が制作した横断幕、３番目は「新基地建設反対県民投票連絡会」のツイッターの表紙の画像、２番目と４番目はそれぞれを模した画像

横断幕については、連絡会が掲示しているものを撮影した写真の一部を加工したとみられ、実際に横断幕自体があるかは不明。

連絡会が「辺野古新基地建設のための埋め立て　反対に○」としているのに対し、模した画像は「普天間の危険性除去のために　賛成に○」としている。

ほかにも「賛成に○」の上段の部分が「【どちらでもない】と思ったら」「迷ったら」「【県民投票はブッ潰せ】と思ったら」「違法テントをブッ潰すために」などとする10パターン以上の画像が確認できた。

連絡会のツイッターの画像やロゴについては、砂浜で児童生徒が手をつないでいる画像はそのままに、「県民投票に行こう！　反対に○」という文言を、「宜野湾の子供たちの命を守ろう　賛成に○」との文言に変えているものも確認された。

連絡会の担当者は、「賛成に○と呼び掛けるのは自由だ。だが連絡会が作成したものや画像を模したり、コラージュしたりしてつくった画像で、別のメッセージを発信するのは許されない。モラルや倫理に反する」と批判した。

■2019・2・14

投稿は知事選の1割　ツイッター上の議論少なく

2月14日告示、24日投開票の米軍普天間飛行場移設に伴う名護市辺野古新基地建設の埋め立て賛否を問う「県民投票」に向け、琉球新報社は告示前の2月3日〜7日までの5日間、ツイッターで発信された投稿を分析した。県民投票に関する投稿は5日間で2479件あり、1日当たりの投稿件数は2018年9月30日に投開票された県知事選告示前、知事選について投稿された数の9分の1程度にとどまった。

投稿内容についても、全県実施決定後の投稿だが、埋め立ての賛否に関する議論は少なく、県民投票実

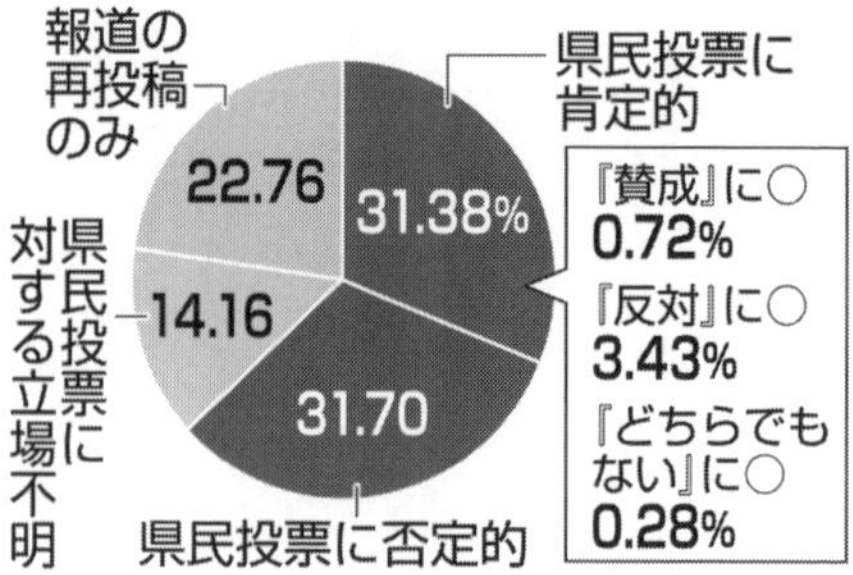

県民投票に関し、3～7日の5日間に発信されたツイッターの内容の割合（%）

施への賛否に関する投稿が大半を占めた。

琉球新報社などが18年12月、県内の有権者を対象に実施した世論調査では、県民投票に「行く」と答えた人は約8割に上っていた。ツイッター分析では肯定的な意見と、投票の意義を疑うなど否定的な意見はほぼ同数の3割で拮抗した。

直接、不参加（ボイコット）を勧める投稿は1件だが、参加者を減らすことを目的としたとみられるネガティブ・キャンペーン的な投稿が、ネット上ですでに横行している現状が浮き彫りになった。

投票実施に肯定的な意見のうち、辺野古埋め立てに関する立場を明確にした投稿もあったが少数だった。報道各社が発信した報道内容のリツイート（再投稿）、県民投票に対する立場が不明な投稿もあった。

（ファクトチェック取材班・池田哲平、宮城久緒）

■2019・2・14【辺野古県民投票2・24】

✹「金の無駄」「民意示そう」　予算、意義に賛否両論✹

名護市辺野古新基地建設に伴う埋め立ての賛否を問う県民投票について、ツイッターで2月3日からの5日間に発信された投稿では、県民投票が法的拘束力を持たないことに触れ、「アンケートにすぎない」「予算の無駄だ」などとして、不参加を促すような投稿が目立った。

法的拘束力がないことを指摘する投稿では、「賛成票が半数を超える場合、受け入れるのか」「始まった工事を止めることはできない」「県が実行できる政策の是非を問うべきだ。できないことで投票しても意味はない」などと、県民投票の意義を疑問視したり、中傷したりする意見が多かった。

一方、肯定的な投稿では「税金の無駄遣い」とする意見に対し、「基地新設の工事費がはるかに高い」「海岸に6万本のくいを打つ政府の愚策にこそ声をあげるべきだ」との主張があった。「県民の意思を明確に示すことに意味がある」などと、意義を強調する意見も多かった。

県民投票の実施を前提に具体的な投票行動を呼び掛ける投稿もあったが、全体の4・43％の110件にとどまった。

「『反対』に○」は85件、「『賛成』に○」は18件、「『どちらでもない』に○」は7件だった。

県民投票に関するツイッター発信は、2018年の県知事選挙に比べて低調だ。県知事選挙告示前の昨年9月12日に発信された投稿数は1日で4364件。県民投票について5日間に投稿された2479件の1・7倍だった。

1日当たりの投稿数で換算すると約500件で、知事選時の9分の1にとどまる。

（ファクトチェック取材班・池田哲平、宮城久緒）

■2019・2・14【ファクトチェック　辺野古県民投票2・24】

✺SNSに誤情報 × 県が「反対」呼び掛け、〇 県が「参加」呼び掛け✺

県民投票に向けて、ツイッターで2月3日からの5日間に発信された投稿では、事実に誤りのある誤情報や、取り上げられた事柄が事実と証明する根拠のない情報も確認された。多数投稿されている「県が『反対に〇を』と呼び掛けている」などの内容について、県民投票に関する総合的企画や調整、広報などを担当する沖縄県県民投票推進課は、「県民投票参加の呼び掛けはしているが、（投票）行動内容に触れることはない」と否定した。

事実と証明する根拠のない投稿には、「平気でデマをまき散らす人ほど県民投票に熱心だ」「県民投票の目的は日本の弱体化で反日活動を優位に持って行く作戦」「結果次第では本気で中国に侵略されるぞ」などがあった。明らかに事実を誤認した投稿では、「県民投票は公職選挙法の下で行われる」などが確認された。

（ファクトチェック取材班・池田哲平、宮城久緒）

■2019・2・15【VOTE!　#みんなごと】

✺若者たちが考える県民投票　ファクトチェック特別講座編✺

❖まずは県民投票って?──新基地賛否　民意示す機会

世界一危険といわれる米軍普天間飛行場を移設するためとして、名護市辺野古に新しい基地を造る埋め立て工事が始まっています。この埋め立てをどう思うか、県民の意思を示し、工事を行う国に伝えるための投票です。

「賛成」「反対」「どちらでもない」のどれかを選んで「○」を付けます。2月13日時点で18歳以上の県民が投票でき、市町村選挙管理委員会が指定する投票場所で投票します。投票日は24日ですが、15日から期日前投票ができます。

❖真偽、見極める力を　フェイクの仕組み学ぶ

若者が県知事選に主体的に参加しようと取り組んだ琉球新報の企画「VOTE!　#みんなごと」として2019年2月12日、沖縄キリスト教学院大学でファクトチェック講座が開かれました。本当かどうか分からない情報は学生の回りにもあふれています。県民投票を前に「フェイクの見分け方を知りたい」という学生たちに、琉球新報でファクトチェック報道を行う記者が取材の裏側を伝え、学生たちは自分にできるファクトチェックを考えました。

学生たちはまず、手元のスマホで普段目にする〝フェイクニュース〟を書き出しました。「これってフェイクかな」「もっとあったはずだけど記録してないから探せない」──真偽不明の雑多な情報が学生たちの回りにあふれ、日々流れていることが分かります。

ここで取材班の池田哲平記者、安富智希記者が登場し、琉球新報が力を入れるファクトチェック報道の裏側を説明しました。あふれる情報からフェイクニュースを区別し、検証するものを選び出すのに悩むのは学生と同じです。

まず主張や意見は除いて、「偽情報」「誤情報」「不正確・ミスリーディングな情報」「根拠のない情報」に分類し、当事者に尋ねたり、資料を見直したり、一つずつ検証した経緯を話しました。

講座に参加し、フェイクニュースに惑わされないよう自分にできることを考えた学生ら＝2019年2月12日、西原町の沖縄キリスト教学院大学

実際にファクトチェックをした感想を述べる学生たち

偽情報や偏った意見を発信する人は実際には多くないが、発信数が多いため「みんな」に見えること。ネット上は考えが似た人が集まりやすく、仲間内で同じ意見が重なると、うそでも本当らしく感じてしまう「エコーチェンバー（共鳴箱）」という現象が生じやすいこと。「そんな仕組みを知れば、間違いや偏りに気付きやすくなる」との説明に、学生たちはうなずき、メモを取って熱心に聞き入りました。

その後、学生たちは自分たちが挙げた情報を「県民投票」「基地問題」「基地反対運動」と大きく分け、どうすればフェイクニュースにだまされないか、できることを考えました。

講座を終えて、「フェイクニュースを気にしないようにしてきたのは自分に反論する力がないからだと気付いた。真実を確かめる力をつけたい」と3年生の知念ゆかりさん。同じく3年生の伊佐奈那子さんは、「仕組みや事実を知らないから振り回される。自分たちの勉強不足でもあるけど分かりやすい情報を出してほしい」と、新聞社へのリクエストもありました。

記者たちは「自分たちの課題」と受け止めました。

◆担当教員から一言

フェイクに打ち勝つ力をつけて、フェイクを拡散しない、大切なことを発信するなど、能動的なアクターになろう。

（沖縄キリスト教学院大学・玉城直美准教授）

■2019・2・17【辺野古県民投票 2・24】

✺否定的投稿が増加 ツイッターで不参加呼び掛けも✺

2月14日告示、24日投開票の米軍普天間飛行場移設に伴う名護市辺野古新基地建設の埋め立て賛否を問う「県民投票」に向け、琉球新報社は告示前の2月8日～11日までの4日間、ツイッターで発信された投稿を分析した。投稿分析は2回目。

投稿数は4日間で2673件。前回調査（3～7日）の5日間の投稿数は2479件で、1日当たり173件増えている。投稿数が増えるに伴い県民投票そのものや主催する県、新基地建設に反対する人々を批判したり攻撃したりする意見の割合も増加した。

県民投票についてツイッターで流れている主な意見

県民投票に否定的な人の主な意見

- 反対多数でも何も起きない。法的には一切何の効力も持たない
- 辺野古移設の賛成か、反対かではフェアではない。普天間基地の固定化に賛成か、反対か、では結果全く変わる
- 県民投票っていったい何のための投票か。参加する必要はない
- 沖縄県民全員が移設に反対しているような前提で県民投票をするのはどうかと思う
- 「どちらでもない」が加わって沖縄の民意が分かりづらくなった
- 県民投票をしたところでもう工事は始まっている。無理だ
- 最高裁の判決が出ているのになぜ県民投票をする必要があるのか。法に従うのが県民の義務だ
- 県民投票なんて県民アンケートみたいなもの。多額な予算をどぶに捨てるようなもの。税金の無駄
- 投票をしたいという人だけが予算を出してすることができないのか
- 県民投票に使うなら住民税払いたくない。拒否できないのか
- 県民投票は完全に税金の無駄遣いだがなぜ、メディアは批判しないのか

県民投票に肯定的な人の主な意見

- おかしいことはおかしいと声を上げなければ民主主義が破壊される
- 自然破壊阻止、ジュゴンの海を守るために県民の意思を示すものだ。投票所に行こう
- 県民投票を成功させ、さらに「結果」を守らせるうねりを起こそう
- 基地建設を強行しなければ抗議の座り込みもなく、警備も必要なくなる。お金も使わずに済む
- 「どちらでもない」と白票や棄権はほとんど区別できないのでできるだけ残りの2択で投票してほしい
- 県民投票は参加して「賛成に○」をしよう
- 「反対に○」という動きを広げよう
- 県民投票に反対することは意思表明する権利を奪うということだ
- 県民投票の費用より、基地を新設する工事費の方がはるかに高い
- 投票当日に自分の答えはこれだというものを投票したらいい
- 県民投票は税金の無駄という声をよく聞くが海岸に6万本の杭を打つという政府の愚策にこそ声を上げるべきだ

投票が近づくにつれて、参加者を減らすことが目的とみられる、ネガティブ・キャンペーン的な投稿も増える傾向が表れている。内容は前回調査とほぼ同様で、県民投票の賛否に関する投稿が大半を占めた。「賛成」「反対」「どちらでもない」のいずれを選ぶかという投票行動に関する投稿は少なく、新基地建設の是非を巡る議論は低調だ。投票権利のない県外からの投稿も多かった。

内容を見ると県民投票の24日の投開票が、天皇在位30年記念式典と重なっていることについて、「明らかに県の悪意だ」「投票率を下げる政府の思惑か」など、県や政府を批判する指摘が上がった。不参加（ボイコット）を呼び掛ける投稿も10件程度確認された。

県民投票に肯定的な意見は29・78％で、前回より1・6ポイント減った。逆に県民投票に否定的な意見は35・99％で、前回より4・29ポイント増えた。（ファクトチェック取材班・池田哲平、宮城久緒）

■2019・2・23【ファクトチェック】

＊不確か情報チラシ拡散　最高裁判決を曲解＊

米軍普天間飛行場の移設に伴う名護市辺野古の新基地建設で、県による埋め立て承認取り消しの是非が争われた最高裁判決に関し、不確かな情報を含む複数のチラシが県内各地で配布されていることが22日分かった。

「辺野古移設をみんなで考える実行委員会」と記されたチラシには、「普天間移設は20

年以上前に合意し、最高裁でも『沖縄の事情に即したもの』との判決が出ている」と記載していた。

しかし、最高裁判決は2015年10月に県が埋め立て承認を取り消したことに関し争われた。埋め立て承認に「瑕疵」があったのかどうかに判断を下したが、辺野古移設に関する直接的な見解は示していない。

国と県の訴訟に詳しい弁護士は、『沖縄の事情に即したもの』という裁判所の判断は見当たらない」と指摘した。

辺野古移設をみんなで考える実行委員会に所属する県外在住の男性によると、チラシは保守的な考えを持った複数人によるグループが3万~5万部発行したという。男性は執筆者の一人で、一部の表現について「言葉のあや。疑問に思った部分があれば申し訳ない」と誤りがあったことを認めた。

「宜野湾市民の安全な生活を守る会」と記された別のチラシは、「県民投票は最高裁判決に違反？」と見出しに書いた。発行した男性は取材に対して、「県民投票が違法というわけではない」と誤った記述があることを認めた上で、「日本国憲法は国際法を順守しなければならないと言っている。地方に権限がない

米軍普天間飛行場の移設に伴う名護市辺野古基地建設の埋め立て賛否を問う「県民投票」を巡り、誤った情報が記載されたチラシ

ことをなぜやるのか」と述べた。

沖縄県は、県民投票は県民からの直接請求で制定された条例によって実施が決まっているとした上で、「最高裁判決とは無関係だ」とした。

（ファクトチェック取材班・池田哲平、安富智希）

■2019・2・23【辺野古県民投票 2・24】

✺「偽・憎悪」サイト減少 つぶやき、知事選の6割✺

名護市辺野古の新基地建設に伴う埋め立ての賛否を問う県民投票に関して、フェイク（偽）やヘイト（憎悪）表現の言説を書き連ねたブログやサイトは、2月21日時点ではネット上でほぼ見られず、影を潜めている。

2018年9月30日に投開票された沖縄県知事選挙の期間中は、玉城デニー候補（現知事）や新基地建設に反対する人々に対し、真偽不明の情報に基づいた文章や動画を並べたサイトやブログが乱立した。ネットメディアが発信元を探ったり、選挙が終了したりした時点で相次いで削除された。

県民投票では告示前、新基地建設反対県民投票連絡会が開設したツイッターの情報発信アカウントに似せ、正反対の主張を発信するアカウントなどが確認された。だが、フェイクを書き連ねたブログやサイトは確認されていない。

ツイッターの投稿数は告示日以降急増したが、告示日から8日間の投稿数を知事選時と比較すると、

58・1％にとどまっている。

県知事選に比べて、フェイクを発信するサイトやツイッターの投稿数が少ないことについて、ネットに詳しいジャーナリストの津田大介さんは、「選挙とは異なり一つの争点で行われることでデマを流しづらい。政府が県民投票の結果に左右されないとの考えを示したこともあり、露骨に介入するメリットがないと判断しているのではないか」と分析した。その上で「既存のメディアのファクトチェックが功を奏している面もあると思うが、次の知事選や国政選挙ではまた出てくる」と推測した。

2月18日～21日までの4日間に県民投票についてのツイッター投稿数は、約6700件（18日約2千件、19日約1500件、20日約1600件、21日約1600件）だった。17日にホームページで配信した、琉球新報社など3社の合同世論調査の結果に対する意見などが多かった。

（ファクトチェック取材班・安富智希、宮城久緒）

琉球新報社などによる県民投票の世論調査へのツイッター上の意見

- どんな妨害にもめげず沖縄の人たちの民意は強固
- 7割超えるかと思ったけど、そこまではいってないか
- 今度こそ県民無視は許されない
- 沖縄の人は沖縄を守る軍隊はいらないんだな
- 実際に投票に行ってもらうことが大事。最後まで気を抜かずに頑張ろう
- もっと圧倒的な結果を出したい
- 普天間の固定化でいいということか

◈公式ツイッターに設けた「質問箱」の試行

◎県民投票で質問箱設置

ファクトチェック取材班は、２月24日投開票の辺野古新基地建設に伴う埋め立ての賛否を問う県民投票に関して発信されたツイッターの投稿で、事実とは違う内容や誤った理解をした内容の投稿に対し、正しい認識を持ってもらうことを第一の目的として、ツイッターに「質問箱」を設けた。

ツイッター分析をする中で県民投票をすること自体に対する議論は盛んに行われていたが、県民投票で「賛成」「反対」「どちらでもない」のどの選択肢を選ぶのか、ということに関する議論は、盛り上がっていないと感じた。

より多くの県民に県民投票への関心をもってもらい、議論を盛り上げるためにも新たな取り組みができないか検討を始めたところ、ツイッターに質問箱という機能があることを知った。取材班の中にはそれまでツイッターの質問箱を利用したことがあるものはいなかったが、使用法などを調べるうちにファクトチェックを行う手段の一つとしても活用できるのではないか、との考えにも至り、ぶっつけ本番ではあったが琉球新報の公式ツイッターに質問箱を設けた。

質問箱の正式な名称は「Ｐｅｉｎｇ（質問箱）」で、ＴｗｉｔｔｅｒなどのＳＮＳと連携することで、匿名での質問を募集することができるサービスだ。ツイッターで質問箱を設けたことを告知すると匿名で数多くの質問が寄せられる。

今回は県民投票が告示された2019年2月14日の3日後の2月16日に設置した。翌17日の朝刊で琉球新報の公式ツイッターに質問箱を開設したことを伝える告知記事を掲載した。

〈琉球新報は16日、県民投票に関する疑問やSNS（会員制交流サイト）などで発信されている内容に関し、事実かどうか確認してほしいことについて読者から質問を受ける「Peing（質問箱）」を公式ツイッターのアカウントに設けました。24日に投開票される県民投票に向けて、これまでの琉球新報の情報の蓄積や新たな取材を基に回答します。質問や回答の一部は紙面で紹介することもあります。公式ツイッターをフォローしていただき、質問をお寄せください。〉

✪中国脅威論や琉球新報のスタンスへの質問も

紙面や琉球新報のホームページを利用して読者に対するアンケートをしたり、意見を募集したりする取り組みはよく行っていたが、それほど多くの反応がある訳ではなく、今回の質問箱に関してもどれだけの質問が届くかについては半信半疑だった。

ただ当初から琉球新報や県民投票の取り組み自体に批判的な人たちがちゃかしたり、攻撃したりする内容の投稿が多いのではないかということについては予想していた。だがその投稿の意図がどこにあるかは別にして、一応質問の形式を取っている内容ならば、できるだけ数多くの質問に回答しようという心構えで、質問が集まるのを待った。

今回、質問箱については急に思いついて実行した取り組みで、取材班としてはツイッター分析や日々の投稿のファクトチェックと同時並行の作業になるため、質問箱は一人で対応することになった。質問箱の担当も上記のツイッター分析にも関わっていたため、質問箱にだけ注力できる状況にはなかった。

それでも十分対応できる分の質問しか来ないだろうと高をくくっていたが、実際には開設した当日から数多くの質問が寄せられ、回答に対応できる準備が整うまでに、すでに20～30の質問が寄せられていた。

質問を募集したのは投開票日の2月24日午後9時まで。その期間中は琉球新報の公式ツイッターの一番上に質問箱を固定した。2月25日午後5時までに投稿された質問の数を最終的にまとめたが、473件の投稿があった。それに対して実際に回答できたのは34％にとどまった。

質問の内容は、「嫌いな新聞社はどこですか」「好きな食べ物は何ですか」という県民投票には直接関係のないような質問も多く、「琉球新報は偏向しているのではないか」という趣旨の内容の質問や意見が3割程度を占めていた。さらに中国脅威論に関する琉球新報のスタンスを聞く質問も多かった。

県民投票に関して間違った認識に基づく質問も散見された。

✪寄せられた質問と回答

【質問例1】県民投票に関し、沖縄県が街宣カーで「反対に○を」と呼び掛けている。許されるのか。

【回答例1】沖縄県が「賛成に○を」「反対に○を」「どちらでもないに○を」というような呼び掛けをすることはないと理解しています。ただ、県民投票は知事選などの選挙と違い、公職選挙法ではなく県民投票条例に基づいて行われます。県民投票の投票運動は期間の定めや事前運動の禁止がないなど、規制は極めて少なくなっています。

個人や団体、組織が特定の投票行動を呼び掛けることも禁じられていません。ただ知事については県民投票の広報活動や情報の提供について「客観的、中立的に行うもの」と定められています。県は投票の参加は呼び掛けていますが、何に投票するべきかという投票行動の内容についての呼び掛けは行っていませんし、できません。

県民投票条例12条は投票運動について「自由とする。ただし買収、脅迫等による県民の自由な意思が制約され、又は不当に干渉されるものであってはならない」と定めています。投票資格者の意思の制約や不当な干渉につながる行為を禁止した上で、それ以外の自由な運動を認めている内容です。

戸別訪問のほか、18歳未満の者や特定公務員、選挙事務関係者による運動など、選挙で禁止されている事項も規制されていません。

チラシの配布やポスター掲示の規制、演説会の制限もありません。ただし、屋外広告物の法律などに抵触しない形で掲示する必要があります。

県民投票条例は県民同士が活発に意見を交わすことを前提に、幅広い議論を求める観点から運動規制を必要最小限にしています。全国的な住民投票運動における考え方も同様で緩い規制が多く見られます。

【質問例2】米軍キャンプ・シュワブ前で座り込みをしているのはなんで中国や韓国など外国人ばかり

なのか。

【回答例2】基地建設に反対する人々が座り込みなどを行っている現場には中国や韓国からだけではなく、さまざまな国の方が訪れ、運動を激励したり、座り込みに参加したりしているのを確認してきました。

米軍の退役軍人の方々が座り込みに参加したり、支援したりすることもあります。ツイッターなどでは辺野古の現場で韓国や中国の方ばかりとの言説を目にすることも多いですが、やはりウチナーンチュが大半だと理解しています。ただ韓国を含め、さまざまな国の方が現場を訪れているのは事実だと理解しています。

【質問例3】県民投票の目的は何か。なぜ米軍普天間飛行場の移設の是非を問うのではなく、埋め立ての是非を問うのか。

【回答例3】県が施行した「辺野古米軍基地建設のための埋立ての賛否を問う県民投票条例」の第1条では「普天間飛行場の代替施設として国が名護市辺野古に計画している米軍基地建設のための埋立てに対し、県民の意思を的確に反映させることを目的とする」としています。

「埋め立て」に対する意思を図る質問になっていることについては、埋め立ての権限を沖縄県知事が持っていることから沖縄県民が選択できるものとしてこの質問、文言になったものだと理解しております。

これまでの取材を通して、米軍普天間飛行場を固定化していいと考えている沖縄県民は地元、宜野湾市も含めほとんどいないのではないかと認識しております。

国は普天間飛行場を移設するために名護市辺野古に新たな基地を造ろうという姿勢を示しているので、

県民が望む移設を実現するために沖縄の別の場所、名護市辺野古に新たな基地を造っていいのか、そのために海を埋め立てていいのか、ということが問われる県民投票になっているのだと受け止めています。

【質問例4】名護市辺野古沖に新しい基地ができても米軍普天間飛行場は返ってこないといううわさがあるが本当か。

【回答例4】「辺野古に基地が移設されても普天間は返ってこない」という言説は、米軍普天間飛行場の返還を巡り、当時の稲田朋美防衛相が２０１７年６月の参院外交防衛委員会の答弁で、移設先の名護市辺野古の新基地建設が進んだとしても、それ以外の返還条件が満たされない場合は普天間が返還されないと明言したことが基になっていると理解しております。

返還条件は８項目あり、防衛省も従来、条件が満たされなければ返還されないとの見解を示しています。防衛相が「返還できない」と明言したのは初めてで大きな波紋を呼びました。

普天間飛行場の返還条件は２０１３年４月、日米両政府が合意した嘉手納基地より南の米軍基地の返還・統合計画で決まりました。

条件は①飛行場関連施設等のキャンプ・シュワブへの移転　②航空部隊、司令部機能、関連施設のシュワブへの移設　③必要に応じた飛行場能力の代替に関連する航空自衛隊新田原基地・築城基地の緊急時の使用のための施設整備　④代替施設では確保されない長い滑走路を用いた活動のための緊急時における民間施設の使用の改善　⑤地元住民の生活の質を損じかねない交通渋滞、諸問題の発生回避　⑥隣接する水域の必要な調整の実施　⑦施設の完全な運用上の能力の取得　⑧ＫＣ１３０空中給油機の岩国飛行場の本拠地化――の8項目となっております。

外交防衛委員会で議論になったのは④の項目でした。普天間飛行場の滑走路は約2700メートルですが、辺野古はオーバーランを含めても約1800メートルで、短くなります。

そのため米側が「大型の航空機などが使用できる滑走路を求めている」（防衛省関係者）ため、民間空港の使用が想定されるということでした。現状では日米間の協議で使用する空港は決まっていません。

そこで、稲田氏は仮定の話だとした上で「普天間の前提条件であるところが整わなければ、返還とはならない」と明言し、新基地が建設されても普天間が返還されない可能性を繰り返しました。

返還条件の8項目については、防衛省も琉球新報の取材に対し、条件を満たしているのは⑧だけだと当時、回答しており、稲田氏と同様の見解を示しました。

辺野古に新たな基地が建設されても他の返還条件が満たされない場合、米軍が辺野古と同時に使用する可能性は否定できないと考えております。


【質問例5】沖縄県民は辺野古に基地を造ることに反対というが、では普天間飛行場が固定化していいと考えているのか。

【回答例5】米軍普天間飛行場が固定化されることはあってはいけないことだと感じています。飛行場が存在する宜野湾市民だけではなく、県民のほとんどがそう考えているのではないでしょうか。米軍普天間飛行場の移設先については全国知事会でも問題提起され、民主党政権下では具体的な移設先について複数検討されたかと理解しています。ただ、沖縄県外で実際引き受けるという具体的な動きに発展したことは残念ながらないと理解しています。琉球新報が実施してきた世論調査でも普天間飛行場はの移設は県外や国外へ、という声が強いと認識しております。

◎バッシングにも回答

上記の質問はまだ質問の形式にはなっているが、投稿の中には質問というより、文面から批判や攻撃に重点が置かれたと見受けられる内容や乱暴な言い回しの内容も多かった。

回答については、140字に抑えればクリックしてページを移動させることなく読むことができることから、できるだけ端的に140字以内で回答した方がいいとの意見も上がった。だが、やはり正しく理解してもらうためには丁寧に答えた方がいいと考え、140字以内の回答にはこだわらなかった。

また回答の言葉遣いが乱暴だったり、怒りやいら立ちを感じさせるような内容だった場合、肝心な回答内容をストレートに伝えることができなくなってしまうと考え、どのような質問に対してもできるだけ丁寧な言葉遣いで真摯に回答するように心掛けた。

できるだけ慎重に回答を考えたため、文面を何度も書き換えることもあり一つの質問の回答にかなりの時間を要した。始めた当初は「全ての回答に答える」と意気込んでいたが、回答に時間が掛かることと、日を重ねるごとに質問件数が増えていったことから回答が間に合わず、結果的に30％程度の回答率になったことは大変残念に思っている。

手間がかかった質問箱だが、これについての関連で紙面化したのは2回だけにとどまった。そのうち1本目は冒頭（126ページ）に紹介したが、2本目は2月24日の以下の記事だ。

〈琉球新報が17日にツイッター（短文投稿サイト）の公式アカウントに設置した県民投票に関する「質問箱」には、23日午後6時現在、約300件の質問や意見、情報が寄せられた。

ファクトチェック取材班が県民投票に関する質問を中心に、琉球新報で過去に掲載された記事や新たな取材を基に回答している。23日午後6時現在、質問の21％に回答した。

県民投票に関しては「法的拘束力がないのに実施する意味があるのか」「辺野古に基地ができても普天間飛行場が返還されないというのは事実か」「『反対に○を』と呼び掛けているが違法ではないのか」などの質問があった。

募集した質問は「県民投票や基地問題に関する疑問やSNSなどで発信されている内容の事実確認」などに関するものだが琉球新報の報道姿勢に対する質問も多く寄せられた。「質問箱」は投票日の24日午後8時まで設置している。

県民投票についてツイッターで発信された14日の告示以降の投稿数は、計約1万7200件となっている。〉

記事は県民投票の当日24日の朝刊に掲載したため、それ以降も投票箱が閉まる前までは回答しており、最終的な回答率は記事の段階より上がっている。

❂質問箱終了時に寄せたメッセージ

開票結果が出た翌日、質問箱の質問受付を終える際、ツイッターにその旨を書いた文章を投稿した。この投稿を最後に質問箱を終了した。

【琉球新報の県民投票に関する「質問箱」は24日午後9時すぎに固定ツイートを解除させていただきました。25日午後5時までに473件もの質問をいただきました。これで募集を締め切らせていただきます。

県民投票への投票の際、参考にしたり議論を盛り上げたいという思いから設けさせていただきましたので、当初から期間内だけの設置を考えておりました。

できるだけ多くの質問に回答するよう心掛けましたが回答が追いつかず回答率が34％にとどまってしまいました。申し訳ございませんでした。

県民投票や県民投票に関する基地関連の質問を中心に、優先して回答させていただきました。質問の中に具体的な人物名が入っており、回答し公開されることでご本人を傷付けてしまう可能性があると思われた質問は、回答を控えさせていただきました。

また質問の対象がほかの団体や組織だった場合、その組織や団体に取材をしたり、質問を投げたりしたものもございましたが、回答が期間内に間に合わなかったり、回答に適さないと判断させていただいた質問については今回お答えを控えさせていただいたものもございます。

期間中、質問箱の取り組みを評価したり励ましたりしていただく内容の投稿も複数いただきました。大変ありがたく受け止めさせていただきましたが、質問の回答の方を優先し、返答やコメントは控えさせていただきました。この場でお礼を申し上げます。ありがとうございました。

今回は県民投票に関する質問箱を設置させていただきました。質問箱の継続を求めるご意見も多数ございましたが県民投票の期間が終了しましたのでいったん終わらせていただきます。ありがとうございました。

県民投票とは直接関わらなかったので回答は控えたのですが、琉球新報の報道姿勢に関し『偏向しているのではないか』という趣旨のご意見もかなり多くいただきました。県民投票との直接の関わりはないと判断し、期間中の回答は控えさせていただきましたが最後に回答させていただきます。

まず私ども琉球新報の社是を紹介させていただきます。『不偏不党、報道の自由と公正を期す　沖縄の政治、経済及び文化の発展を促進し、民主社会の建設に努める　国際信義にもとづき、恒久世界平和の確立に寄与する』です。

これを基本に捉えメディアの役割の一つと認識する権力の監視、何より沖縄県民に寄り添った報道を心掛けています。また二度と沖縄戦の悲劇を繰り返してはいけない、基地から派生する事件や事故の被害者を出してはいけないという思いを抱き、沖縄戦経験者や基地の取材にも当たらせていただいております。

いろいろご指摘いただきましたように、沖縄は基地以外にも貧困問題など多くの課題を抱えております。そのような課題に対しても幅広く取材、報道していきたいと考えておりますので、引き続きよろしくお願いします。

別の課題も含め今後また質問箱の設置を検討することもあるかもしれません。その際にはまたよろしくお願いします。このツイートは26日までここに固定させていただきます。本当にありがとうございました。】

❂質問箱設置について寄せられた意見

質問箱についてはツイッターなどを通じて多くの意見をいただいた。もちろん批判もあったが好意的な意見や質問箱を設置したことや姿勢を評価していただく声も複数いただいた。

「いい取り組み。どれだけの人に届くかは分からないけど、こうしたことの積み重ねしかないと思う」

「質問した側は攻めるつもりで墓穴を掘ったなと感じるものが多々ある。どの質問にも丁寧に答えていてエールを送りたくなる」

「自社に対するデマや批判のような質問も拾って丁寧に回答している。基地問題に関する正しい知識を広めるためのいい取り組みだとは思うが、メディア嫌いの層にはこの取り組みは届かないだろう」

「満足いく回答ではないが、ネット民の質問に答える姿勢に好感を持ちました」

「琉球新報ファクトチェック取材班が新たに設置した『質問箱』が気合い入ってる。『辺野古移設反対派は普天間の地権者が多い?』『辺野古(ゲート前)で反対しているのはほとんど県外の人?』といった荒唐無稽なデマにも一つひとつ丁寧に答えててすごい」

「ネットと匿名ということもあり質問内容ほんとひどい。勉強してから質問しに来い。しかも絶対質問することが目的じゃない。側から見てる人でも思うから、中で答えてる人たちはほんと偉い」

県民投票期間中だけの取り組みとして行ったが、質問箱という取り組みはネット上でデマが流れるスピードより、ファクトチェックするスピードが圧倒的に遅いという弱点を、克服することができる取り組みになるのではないかと感じた。

今回は県民投票期間中に限定して行ったが、徹底的に取り組めばネット上でフェイクニュース拡散の抑止力になるのではないかということを感じた取り組みになった。(デジタル編集担当部長・宮城久緒)

Ⅲ章

沖縄フェイクを追う
―ネットに潜む闇

根拠のない情報

取り上げられた事柄が
事実と証明する
根拠のない情報

インターネットの普及やSNS（会員制交流サイト）利用者の拡大で「情報」は身近なものになった。一方で、情報に紛れたフェイク（偽）やヘイト（憎悪）も大量に拡散され、個人を傷つけ、民主主義を破壊している。覆面で悪意の情報を発信する者は誰なのか。

フェイクニュースの発信者を追い、沖縄から、大量に拡散される「情報」への向き合い方を探る。

1 覆面の発信者

✪知事選に偽情報、誰が　二つのサイトに同一人物の名

2018年11月下旬、オフィスビルが立ち並ぶ東京都港区芝を歩く。朝夕には会社員らが川のように流れをつくって行き交う。地下鉄の駅から地上に出てすぐの場所にその建物はあった。

大企業の本社が点在する立地と、周辺のビル群に溶け込んだ外観から集合住宅だと気付く人はどれほどいるだろうか。JRの駅にも近く、列車の音もひっきりなしに聞こえるが、その建物の周辺だけは、なぜか時間が止まったように静かだった。玄関口を入ると、両側にびっしりと並んだ郵便受けが飛び込んできた。10階建てで、住宅部分は独立行政法人が運営するが、すでに取り壊しが決まっている。

物件情報によると、3階まではテナントとして利用され、4階以上に約400の賃貸住宅があるとされ

「沖縄基地問題．ｃｏｍ」のサイト運営者の住所として登録されていた集合住宅の入り口＝東京都港区芝２

る。だが、壁に掛けられた居住人の名簿には、半分ほどの名しか残っていない。名簿、郵便受けの名前を丹念に見ていったが、目当ての男性の名はなかった。

虚偽の住所か——。人けのない薄暗いフロアで、しばし立ち尽くした。

11月初旬に発足した琉球新報ファクトチェック取材班は、18年9月30日投開票の県知事選で、真偽不明の情報や中傷的な情報を流した二つのサイトに注目し、取材を進めていた。

「沖縄県知事選挙２０１８」「沖縄基地問題．ｃｏｍ」

ネット上に残るサイトの情報を追うと、二つとも1人の男性の氏名で登録されていた。ここでは仮に「Ｍ」と呼ぶ。港区芝の集合住宅はＭが「沖縄基地問題．ｃｏｍ」で住所として記載していた建物だ。

「沖縄県知事選挙２０１８」の登録住所は、東京都荒川区東尾久のマンションの4階の部屋になっていた。しかし8年前に取り壊され、今は3階建ての別のマンションが立つ。大家にMの名について心当たりがないか尋ねた。しかし「管理会社に任せているから」と答えるだけだった。

Mが登録していた電話番号にかけると、一つは女性の声で「違う」と否定された。もう一つの電話番号にかけると「この番号は現在使われておりません」と機械的なメッセージが返ってきた。

ただ、古い電話帳をめくると手掛かりがあった。9年前に荒川区東尾久の登録住所で、Mと同じ姓名で電話番号が登録されていた。だが、この番号もすでに使われていなかった。実際に、このMがサイトを運営していたのか、第三者に名前や電話番号を使われたのか、分からないまま、消息は途絶えてしまった。

迫っても迫っても、届かなかった「覆面の発信者」。目の前の闇が広がっていく気がした。

（ファクトチェック取材班・池田哲平、滝本匠）

◎告示前に閉鎖　登録者の正体追えず

二つのサイト「沖縄県知事選挙2018」「沖縄基地問題．com」は、2018年8月下旬に突如として立ち上がった。前者は知事選の候補者の日程や主張などをまとめたサイトを標ぼうし、中立を装っていた。しかし、実態は全く違った。

両サイトで約40本の動画を掲載し、全ての動画は立候補していた玉城デニー氏（現県知事）や、その陣営、故・翁長雄志《おながたけし》前知事をおとしめていた。

「現沖縄与党の正体は反社会的勢力だ！」

「翁長氏死去。弔い選挙で沖縄を狂わす！」

見出しには根拠のない情報が並んだ。動画の多くは普天間飛行場や玉城氏、翁長氏の写真を背景に、ゴシック体の文字が流れる様式だ。玉城氏を「違法容認派の危険人物」と記載し、「公選法違反」をしているとしていた。基地建設に反対する県民や玉城氏の陣営を「沖縄左翼」を意味するとみられる〝沖サヨ〟と呼び、選挙運動で安室奈美恵さんを政治利用しているとして「バカ丸出し」と切り捨てた。

動画の中はドローン（小型無人機）を使って、上空から撮影する大がかりなものもあった。この動画を国政与党の国会議員がツイッター（短文投稿サイト）で貼り付けて投稿していた。

『オール沖縄』という虚構
「オール沖縄」という虚構！
翁長知事 後継指名音声テープの謎
翁長氏音声テープに疑義の声！謎が深まる「オール沖縄」内部事情！
平気でウソを吐く極左活動家と沖縄2紙!!
境界線
平気でウソを吐く反基地活動家と沖縄メディア、それを支える共産党と社民党！
玉城デニーとなかまたち
翁長知事音声テープで急浮上した後継候補　玉城デニー氏とは？
安室奈美恵さん曰く「愛される沖縄であること」
安室奈美恵さん曰く「愛される沖縄であること」
城間幹子那覇市長、知事選回避。市長だけでも維持したい崩壊寸前のオール沖縄
城間幹子那覇市長、知事選回避。市長だけでも維持したい崩壊寸前のオール沖縄！

サイト「沖縄県知事選挙２０１８」で動画がまとめられたページ。現在、見ることができなくなっている

同サイトについて記事にしたネットメディア「バズフィード・ジャパン」によると、拡散している動画は、3千以上リツイート（再投稿）され、再生が5万回を超えているものもあった。サイトが発信源となり、フェイクニュースが、速く、広く拡散された。

知事選の期間中、1枚のチラシが出回った。サイトの動画と照らし合わせてみると、数カ所で文言が重なり、関連性も疑われた。このチラシは一部の有権者の元

にも届いたとみられ、サイトの影響力はネットの世界のみにとどまっていなかった。

通常、サイトをつくる時には「ドメイン」といわれるインターネット上の住所を登録するのが一般的だ。さらに、ドメインを取得する際には登録した人の氏名や住所、電話番号などの個人情報が公表される。だが、このドメインの情報も、代行してもらえる会社に依頼して見られなくすることができ、サイト運営者の情報は完全に隠すことができる。

今回の取材で、両方のサイトのドメインから運営者を追っていったが、両サイトともに氏名、住所、電話番号などの情報を代行会社に頼んでおらず、広く公開していた。〝真の運営者〟は当初から虚偽の登録情報を公開して惑わせ、悪意を持って情報を発信していたのだろうか。

「普通のまとめサイトは、悪質なものを含めて絶対に広告が掲載されているが、広告がなかった。金銭目的じゃないのは明確だ」。このサイトを調べていたネットメディア「バズフィード」の籏智広太《はたちこうた》記者はこう断言する。では、目的は何なのか。

籏智記者はサイトの背後に「政治的な意図があったのではないか」と推測した。

知事選告示前の9月12日、二つのサイトは突如、姿を消した。動画の閲覧も不能になった。バズフィードの取材がサイトに迫っていた時期と重なっていた。

そして、閉鎖直前にはサイトの登録者が突然書き換えられた。両方のサイトの登録者氏名は「M」から「A」に変わり、住所も「山口県」などに変わった。

さらに知事選後、虚偽情報や中傷的な情報を流した複数のサイトやツイッター登録者も次々と姿を消した。インターネットの広い空間でうごめく謎の情報発信者。今もどこかで、沖縄フェイクを流すタイミングをうかがっているのかもしれない。

（ファクトチェック取材班・池田哲平）

❂SNSで連日拡散　「沖縄県知事選挙２０１８」は全て玉城氏批判

２０１８年の知事選挙期間中、真偽不明な情報や明らかな虚偽情報を発信したサイト「沖縄県知事選挙２０１８」は、サイトに投稿した言説をさらに広く拡散させるためにツイッターも活用した。

だが、「沖縄県知事選挙」のサイトがネット上から消えたと同時に、ツイッターから登録も削除されていた。

告示日前日の9月12日から投開票日前日の同29日までの期間中、ツイッターで沖縄県知事選挙に関して発信をしたアカウント（登録者）は約2万5千あった。

うち「沖縄県知事選挙２０１８」の登録者が投稿した数は77件で、９月18日から29日までの約２週間は連日投稿していた。

「沖縄県知事選挙」のツイッターの1日当たりの投稿数は4～6件で、全て玉城デニー氏を批判、中傷する内容だった。

保守系の動画サイトなどが発信したとみられるものも含め、全ての投稿に動画が付いていた。発信された文章や動画は時々、別の動画が追加されたり、配信したうちのいくつかの内容が入れ替わったりしていた。

ツイッターが削除されたために詳しい分析はできなかったが、一定数の投稿が毎日、規則的になされていたところをみると、機械的に自動で情報を拡散する仕組みの「ボット」で発信する形態と類似していた。

◎報道機関に「怪情報」　5日後にはブログ掲載

一通の転送メールが琉球新報記者の元に届いた。沖縄県知事選挙が告示される6日前の2018年9月7日だった。メールの内容は県知事選への立候補を予定していた玉城デニー氏（現沖縄県知事）が、過去にある反社会的行動に関わったという内容のものだった。情報の出どころは一切書かれていない。だが、メールには何人もの固有名詞が書かれていた。詳細な記述もあり、事情をよく知っているかのような文面だった。

ある反社会的行動とは「大麻吸引」だ。メールの冒頭には「玉城デニーの大麻疑惑」と記されていた。35年前に働いていたとされる会社で、大麻を吸っていた社員が複数いたとし、その中の一人が玉城氏だった、と記述している。

情報を基に知事選取材班は、玉城氏の行為を把握していたとされる「当時の親会社代表」や、「当時の社長」として名前が挙げられた2人の人物に取材した。2人とも完全否定し、「全部うそだ」「勝手に名前を使われた」と困惑気味に話した。

玉城氏本人にも取材した。大麻吸引の有無とこの会社の勤務経験があるかを問うと、「大麻を吸引したこともないし、この会社で勤務した事実もない」と明確に否定した。

記者に転送メールを送ったのは、県外の新聞社に勤める記者だった。聞くと、県外の複数のメディアの記者に送りつけられたメールで、回り回って入手したようだ。元の発信先はたどることができなかった。この記者は送られてきたメールを「メール爆弾」と呼んだ。

メールには情報提供者として「県内経済団体関係者」と記されていた。だが、選挙取材の期間中を含め、現時点でもこの「県内経済団体関係者」が何者なのか、実在するのかも含めて分かっていない。

告示前には「大麻吸引」の他にも、玉城氏を対象にした根拠不明の言説が飛び交い、本人の元にも届いていた。

玉城氏側は9月9日、犯罪に関与したかのような書き込みについて被疑者不詳のまま、那覇署に名誉毀《き》損《そん》の疑いで告訴状を提出した。

告訴の後も「大麻吸引」に関する言説の流布《るふ》は途絶えることはなかった。それどころか、多くのサイトやブログに疑惑として取り上げられ、さらにツイッターでも数多く発信され、大規模に拡散された。

玉城氏は9月24日に、ツイッターで「大麻→事実無根」と発信した。選挙期間中だっただけに、たとえ、フェイク（偽）であったとしても影響を無視できなかったようだ。

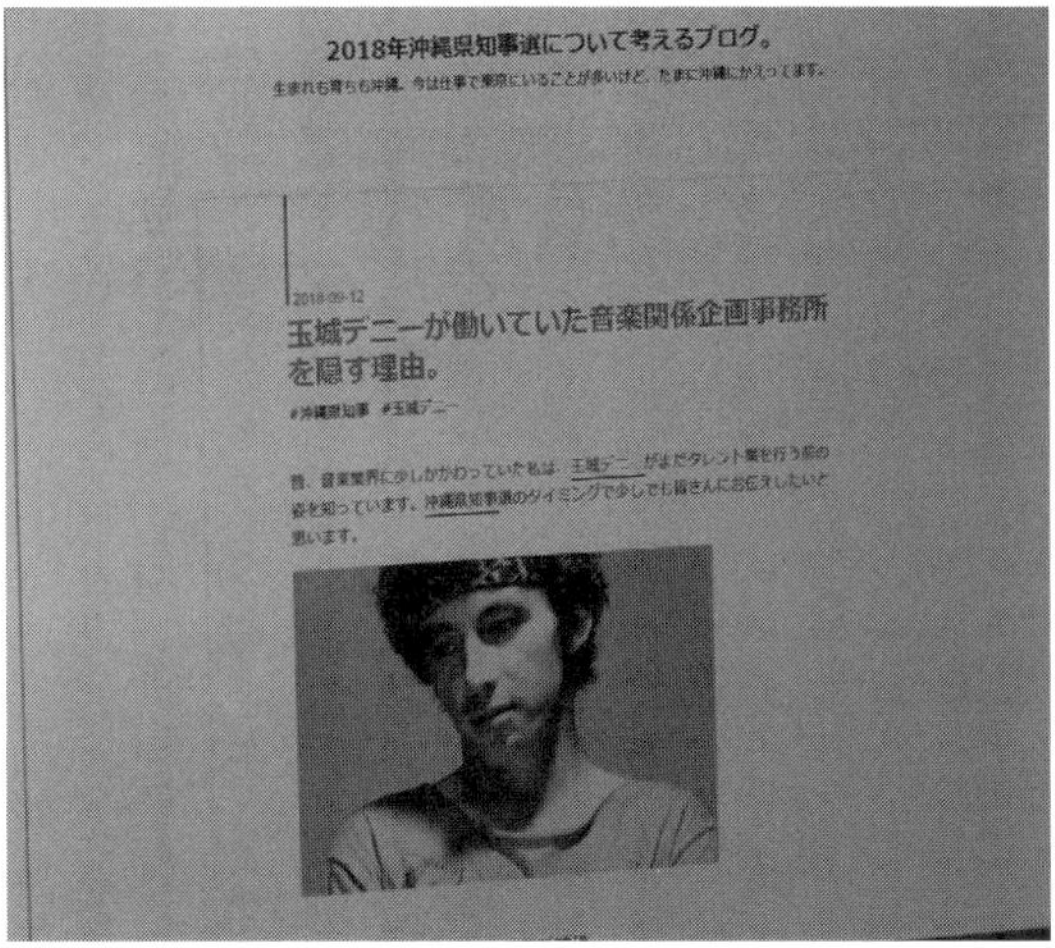

削除されて見ることができなくなっている「２０１８年沖縄県知事選について考えるブログ。」

「大麻吸引」の言説を最初に発信したネット上の媒体はどれだったのか。琉球新報がネットを調べ、たどりついたのは「２０１８年沖縄県知事選について考えるブログ。」と題したブログだった。内容は県外新聞社の記者に送られてきたメールの内容とほぼ一緒だった。さらにどこで入手したのか、玉城氏の若い頃の写真も掲載されていた。

最初に「大麻吸引」の件が掲載されたのは２０１８年９月12日だ。報道関係者に「大麻疑惑」のメールが出回ったのは９月７日だった。ブログ掲載より５日早い。

ブログとメールの「覆面の発信者」は同一人物か、それとも別人か、現時点でも判明していない。

（ファクトチェック取材班・宮城久緒）

◎引用重ねて拡散　デマ流布に著名人も加担

玉城デニー氏（現沖縄県知事）に対する「大麻吸引」のフェイク（偽）記事は、「沖縄県知事選について考えるブログ。」が９月12日に初めて発信した。それ以前に取り上げたサイトやブログは確認できなかった。

そして５日後の９月17日、保守系のサイトが追い掛けるように「玉城デニー候補が過去に大麻疑惑？」という記事を掲載した。この記事がきっかけとなり、ネット上で広く拡散されていくことになった。

記事では「キナ臭い記事を発見しました」と書き出し、「沖縄県知事選について考えるブログ。」の記述を引用している。さらに翌18日、このサイトの記事を別の保守系の組織が、ブログで引用して取り上げた。

ツイッターでは告示日前日の12日から16日までは「大麻」疑惑に関する投稿はほぼ確認されていない。ところが保守系サイトが取り上げた17日に23人が一斉に投稿した。翌18日には57人に増えた。

さらに翌日の19日には、東京メトロポリタンテレビジョン（東京ＭＸ）の番組「ニュース女子」で出演を重ねている評論家が、ツイッターで発信した。「ニュース女子」は米軍北部訓練場のヘリパッド建設問題で、反対する人々をテロリストに例えて放送し、放送倫理・番組向上機構（ＢＰＯ）に「重大な放送倫理違反」を指摘された。

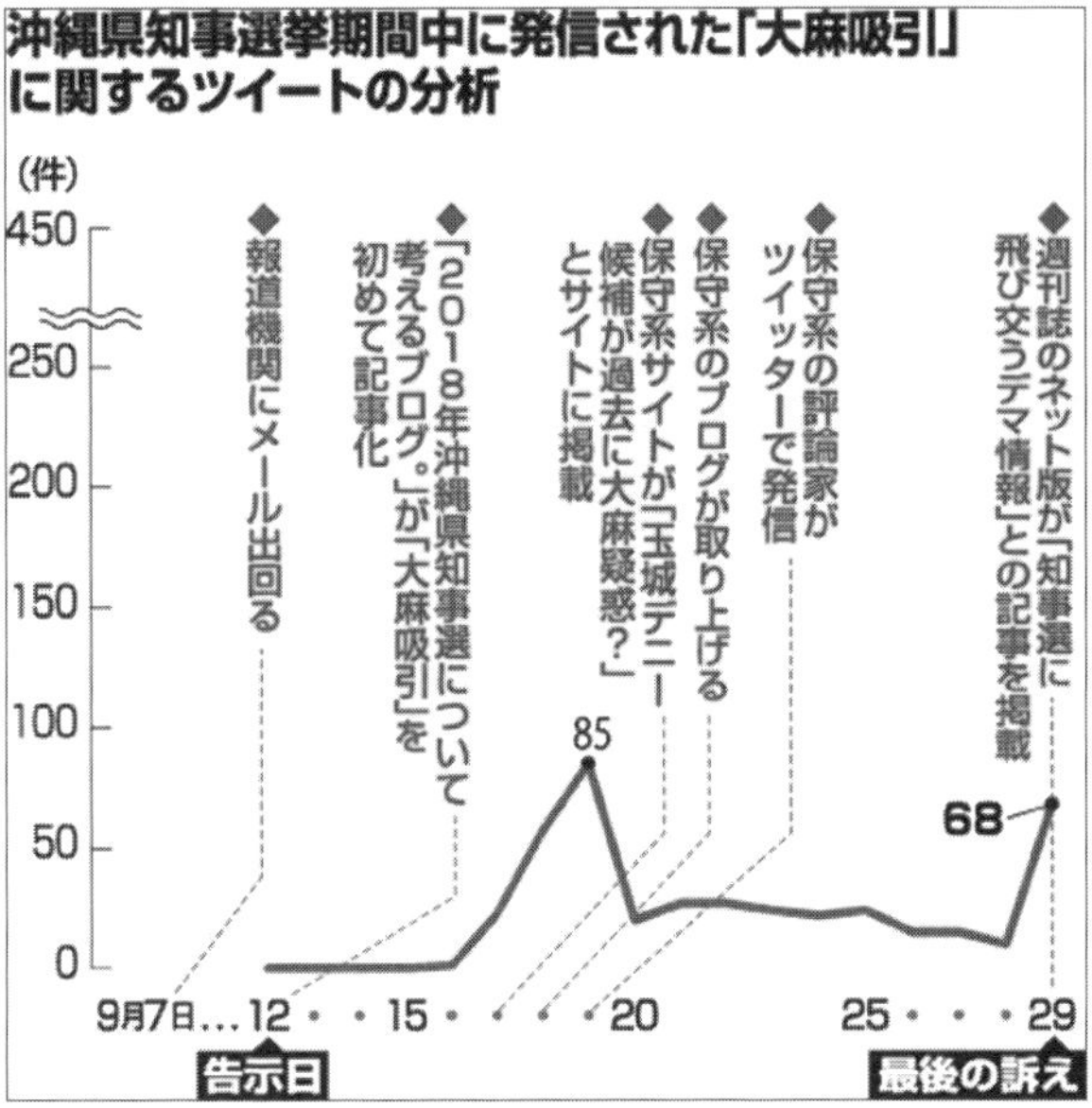
沖縄県知事選挙期間中に発信された「大麻吸引」に関するツイートの分析
(件)
450
250
200
150
100
50
0
◆週刊誌のネット版が「知事選に飛び交うデマ情報」との記事を掲載
◆保守系の評論家がツイッターで発信
◆保守系のブログが取り上げる
◆保守系サイトが「玉城デニー候補が過去に大麻疑惑？」とサイトに掲載
◆「２０１８年沖縄県知事選について考えるブログ。」が「大麻吸引」を初めて記事化
◆報道機関にメール出回る
85
68
9月7日…12・・15・・・・20　25・・・29
告示日
最後の訴え
県知事選期間中に発信された「大麻吸引」に関するツイートの分析

この評論家は、基地建設に反対する人々を敵視しているとみられる人々から、著名人として一定の支持を受けている。評論家がツイッターに投稿したことを受け、即日でツイッター引用や再投稿する登録者が最多の85件も確認できた。

その後も投稿が繰り返され、拡散が続いた。投開票日前日の29日まで連日、10～60件の投稿が確認できた。複数のサイトやブログでの引用が重なり、最初に発信された言説が大量に増殖し、広く流布されていく様子が見て取れた。

「沖縄県知事選について考えるブログ。」は現在、閉鎖されており、見ることはできない。

「ネット右翼」に詳しいジャーナリストの安田浩一さんは、「扇動的な情報がネットでは勢いを持つ。退屈なものはウケない」と指摘する。その上で「著名人がデマの拡散、流布に加担している。そういう人が加担することでガセ（うそ）も真実に近く見えてしまう」と拡散の構造を説明した。

ツイッターではサイトやブログの内容を踏まえ「デマと言うなら説明しろ」などと主張し、証拠のない言説に対する説明責任が玉城氏にあるかのように詰め寄る、「詭弁」とも受け取れる言説が繰り返された。

ネットでは警察に告訴されることや裁判になることを警戒してか、フェイクと判断できる表現は避ける傾向がみられる。あいまいな表現ではあるが、対象となる特定の人物に対し、疑いを生じさせる内容で発信し、大量に拡散させることで打撃を与えている。

そのような卑怯な手段が、ツイッターなどSNS（会員制交流サイト）を通じてネットでは横行し始めている。そのきっかけになっているのが「覆面の発信者」だ。

（ファクトチェック取材班・宮城久緒、安富智希）

2　収益目的で攻撃─ネットギーク

◎「炎上」で閲覧増　基地抗議を侮辱

「バイオハザードより怖い。沖縄基地反対派がフェンスをガンガン揺らす様子」

「沖縄に集まった基地反対派のプロ左翼、行動がサルと同じだと話題に」

「その姿は完全に理性を失った野生動物」

これらは、米軍北部訓練場のヘリパッド建設、名護市辺野古の新基地建設に対する抗議行動について、あるサイトから発信された記事や見出しの一部だ。

サイトの名は「ｎｅｔｇｅｅｋ（ネットギーク）」。２０１３年に立ち上がり、攻撃的な表現を含んだ記事を次々と発信し続けている。

基地建設に反対する人たちの抗議行動について「サルと同じ」などと書いた「ｎｅｔｇｅｅｋ（ネットギーク）」によるツイッターの発信記事

ネットギークが発信した沖縄関係の記事は、確認できるだけで27本存在する。記事は15年4月～18年10月末までの間に投稿された。記事では基地建設に反対する人々の抗議行動を、ゾンビが出てくる海外映画になぞらえ「バイオハザードより怖い」と表現したり、サルなど野生の動物に例えたりして侮辱した。

北部訓練場のヘリパッド建設が進むさなか、大阪府警から派遣された機動隊員が、基地に反対する人々に「土人」と発言した問題を引き合いに出して、「このような話が通じない相手に『土人が』などと言い返しても何ら処罰の対象になるべきではないだろう」とした。県民に向けられた差別的発言を肯定するかのような表現だった。

このサイトにはいくつもの広告が掲載されている。サイト内の記事の信頼性などには関係なく、インターネットの利用者がサイトを訪れ、ページを閲覧するだけで、運営者に広告収入が入る。関心を呼ぶ記事を発信して閲覧数が増えれば増えるほど、運営者の利益が膨らむ仕組みだ。

ネットギークのサイト閲覧数をネットで調べたところ、18年9月は300万を超えていた。それ以上閲覧されていた月もあるとみられる。1回の閲覧で得られる運営者の利益はサイトによって異なるが、ネットギークの運営者は月に100万円程度の利益を得ていたとみられている。目を引く扇動的な見出しや過激な内容であるほど、閲覧数が増加する傾向にあり、その結果、運営者はより多くの収入を得られることになる。

さらに、このサイトはツイッターやフェイスブックなどのSNSでも情報を発信して、記事を拡散している。

ネットギークについて追及してきたネットメディア「バズフィード・ジャパン」の古田大輔創刊編集長は、ネットギークの情報拡散力に注目する。

古田氏によると、17年9月17日、（衆院選の）選挙日程を各紙が一斉に報じた日から投開票日までの約1カ月の記事を調べたところ、ネットギークの記事は閲覧されたトップ100のうち15本を占めていた。朝日新聞は11本、産経新聞は9本だった。全国紙の記事より多く見られていた。

ネットギークの記事は、既存メディアよりもネット上ではより高い関心を持たれていることが分かる。閲覧する人が多ければ多いほど、その記事の社会に与える影響は否定できない。

より攻撃的で炎上を狙った見出しを付け、SNSなどを通して拡散し、サイトの閲覧者数を増やしてきたネットギーク。

沖縄もこのサイトの「餌食《えじき》」となり、偽のニュースが次々と拡散された。沖縄について誤った認識が全国に広まり、基地問題への理解を阻んでいる。（ファクトチェック取材班・池田哲平、安富智希）

✪記事拡散で膨らむ利益　報酬は能力で階級分け

沖縄で基地建設に反対する人々を野生動物に例えるなど、侮辱する記事を発信しているウェブサイトのネットギーク。既存のメディアを上回るとも言われる情報の拡散力はどのように生み出されたのか。

ファクトチェック取材班は、ネットギークが記事を編集するために使っている〝手引書〟を関係先から入手した。「ｎｅｔｇｅｅｋ編集ルール」と題する2分冊の合計25ページの資料で、表紙には「社外秘」と書かれている。ページをめくると、収益を増やすために、攻撃的な内容を含む記事が量産されていく構造が浮かび上がる。

第1分冊の15ページにはフェイスブック（会員制交流サイト）で記事が広く拡散されるにつれ、1本の記事の報酬が上がるという独自の賃金体系が示されていた。

執筆者は「能力」に応じて「アナリスト（分析者）」「アソシエイト（仲間）」「ディレクター（管理者）」という三つの階級に分類されている。記事の報酬額は公開2日後に決まる。その記事が2日間にフェイスブック上でどれだけ共有（シェア）され、どれだけ多くの人々に届いたかが基準となる。

報酬額は「シェア500未満」「500〜」「1000〜」「5000〜」「10000〜」の4段階に分

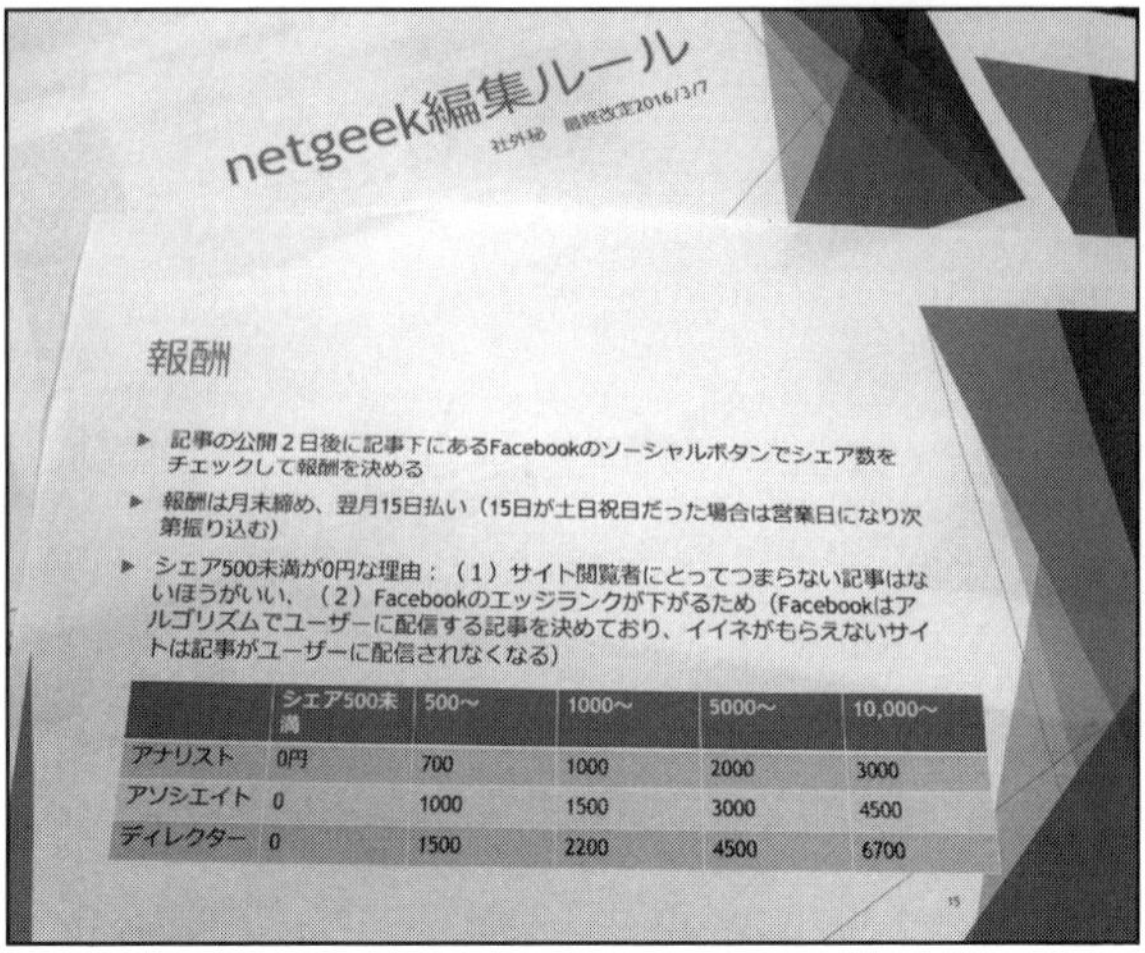

報酬体系などについて記されているウェブサイト「ネットギーク」の資料

かれている。１万件以上だとアナリストは３千円、アソシエイトは４５００円、ディレクターは６７００円だ。同じ共有数でも、執筆者は階級によって報酬額に２倍の差が生まれている。

そして３階級とも「シェア５００未満」だと、報酬額は一律「０円」だ。その理由も記されている。「サイト閲覧者にとってつまらない記事はない方がいい」「フェイスブックは（中略）イイネがもらえないサイトは記事がユーザーに配信されなくなる」ことを挙げる。ネット上で記事が拡散されることを最重要課題に掲げているのだ。執筆者に支払われる報酬はそれほど高いとは言えない。

記事が共有されればされるほどサイトの閲覧者も増加し、運営者がサイト上の広告収入によって得られる利益も膨らむ。記事の執筆者も記事が共有されるほど、報酬は増えるが、利益は運営者の方が多く得る形だ。

広く共有される記事を書くことで程度の差はあるが、サイトの運営者、執筆者の利益に直結する仕組みとなっている。

（ファクトチェック取材班・池田哲平）

◎狙いはシェア増　「関心引くタイトル」重視

琉球新報のファクトチェック取材班が入手したウェブサイト・ネットギークの〝手引書〟。その「ｎｅｔｇｅｅｋ編集ルール」には文体のルールや編集画面の操作方法に加え、数多く共有されるための技術も書かれていた。

重要視していたのは記事の「タイトル」の付け方だ。「編集ルール」には「タイトルが面白いとそれだけでシェアされる」と強調している。

①注目されるキーワードを入れる　②大げさにする　③「衝撃の結末が」など、ついクリックしたくなる（内容の）隠し方をする――など、タイトルを付けるコツも示されていた。

この編集ルールに沿って実際に書かれた記事やタイトル、フェイスブックの記事説明文には、ネット上での炎上を狙っているとしか思えない表現が散見される。

例えばネットギークが２０１６年10月に発信した、「沖縄のヘリパッド建設に反対している団体の正体、解散したはずのＳＥＡＬＤｓと判明」というタイトルの記事がある。

この記事は、米軍北部訓練場のヘリコプター離着陸帯（ヘリパッド）の建設に反対する市民団体が結成された際に書かれていた。記事中には団体に参加した自由と民主主義のための学生緊急行動「ＳＥＡＬＤｓ」（シールズ）のメンバーの写真が並べられ、氏名や大学名なども記されている。

そして、ネットギークがフェイスブックに発信したこの記事に対する書き込みでは、「オウム真理教予備軍のお前らの顔と名前は覚えた」などと書かれている。この記事に３６８９人が「イイネ」のボタンを

「ＳＥＡＬＤｓ」（シールズ）のメンバーの写真を掲載し、「オウム真理教の予備軍」と書いたネットギークの記事。2016年10月にフェイスブックで発信した（画像は一部処理しています）

押し、共有は483件に上っていた。

ＳＥＡＬＤｓの学生を「オウム真理教予備軍」とするのは明らかな虚偽だ。基地建設の抗議行動に対する偏見をあおり、個人情報をネットにさらしている。

その一方で「編集ルール」の末尾には、執筆者に向けて「運営者にかかわる情報は一切漏らさないこと」と記している。収益のために他者を攻撃しつつ、自らの正体を必死で隠そうとするネットギークの実態が浮かび上がる。

（ファクトチェック取材班・池田哲平）

◎姿見せぬサイト運営者　中傷記事、自ら多数執筆か

2018年11月下旬、東京都渋谷駅から、にぎやかな通りを抜け、路地に入ったところに目指すマンションはあった。階段を上り、3階にある一室を訪ねた。表札もない、無機質な薄い桃色のドアに向かい合った。この部屋はウェブサイト・ネットギークが情報を発信する拠点の一つだった。ドアの前でしばらく待ったが、部屋の中に人がいる気配はなかった。

ネットギークは沖縄県で新たな基地建設に反対する人々や抗議行動などを揶揄《やゆ》したり、中傷したりする

記事の掲載を繰り返しているサイトだ。

サイト上では運営者の情報について「ｎｅｔｇｅｅｋ編集部」とだけ記載し、所在地や運営責任者名などは明かしていない。

サイト運営者が、関係者向けに出した資料「ｎｅｔｇｅｅｋ編集ルール」でも、「運営者にかかわる情報は一切漏らさないこと」という約束事項が示されており、拠点の所在地を含め、運営者の情報は徹底的に隠している。

「ｎｅｔｇｅｅｋ（ネットギーク）」が情報を発信する拠点の一つだったとみられるマンションの一室のドア＝2018年11月、東京都内

琉球新報ファクトチェック取材班は複数の関係者からの情報を基に、運営者の氏名、携帯電話番号、メールアドレス、拠点の住所を把握した。運営者に直接会って発信の意図などを取材するためだ。

拠点を訪ねたが、運営者は不在だったため、運営者のメールアドレスに氏名と連絡先を記し、メールを送信した。しかし、現時点で返信はない。

運営者の携帯にも何度か電話を掛けた。しかし、一度も相手が電話に出ることはなかった。当初は呼び出し音が鳴っていたが、18年の12月中旬以降は「お掛けになった番号をお呼びしましたが、お出になりません」というメッセージに変わっていた。

関係者の話を総合すると運営者は30代男性とみられる。そして、本人も「腹ＢＬＡＣＫ」という署名で多くの記事を書いている。

ネットギークが掲載した沖縄に関する記事は、確認できるだけで27本。そのうち25本の記事に「腹ＢＬＡＣＫ」の署名が入っていた。基地建設反対の抗議行動を「サルと同じ」と例えたり、フェイク（偽）の言説を含んでいたりする記事は、全てこの署名で発信されていた。

（ファクトチェック取材班・池田哲平、安富智希）

✪個人の権利を侵害　運営者、無断画像使用も

沖縄県で新基地建設に反対する人々を中傷する記事などを拡散しているネットギークは、運営者の情報について徹底した秘密主義を貫いている。

ネットメディア「バズフィード・ジャパン」はネットギークの運営情報に迫る取材を重ね、いくつもの記事を掲載している。取材に対し、ネットギーク側は運営者情報を明かさない理由について、「何かやましいことがあるからというわけではなく、スタッフの身の安全を守るため」と説明している。

しかし「スタッフの身の安全を守る」としながら、ネットギークはこれまでＳＮＳなどで「標的」を見つけると、個人攻撃を続けてきた。その個人攻撃を含んだ記事を拡散させ、収益を増やすために利用してきた側面がある。

さらに著作権も侵害している。ネットギークで記事にされ、ネット上で中傷を受けた被害者の一人は、取材に対して「突然、無断で自分がツイッターで発信した画像を使われた。何の連絡も受けていないし、

抗議しようにも、どこに連絡していいのかも分からなかった」と語った。

　2018年11月以降、ネットギークに対して集団訴訟を提起する動きも起きている。この動きに対応するためなのか、「腹BLACK」の署名で18年11月19日、1本の記事が掲載された。

「ネットギーク」が2018年11月19日に掲載した「『netgeekに画像使われてAmazonギフト券GETキャンペーン』を検討しております」というタイトルの記事。現在は見ることができなくなっている

「『netgeekに画像使われてAmazonギフト券GETキャンペーン』を検討しております」


記事は過去にさかのぼり、ネットギークに写真を使われた人が申請すると、数百円のギフト券が贈られるという内容だ。この「キャンペーン」については、「権利者様の権利を保障したい」などとうたっている。裏を返せば、これまで個人の権利を無視して画像を無断使用していたことを自ら認めた形だ。この記事は現在、削除され見ることができなくなっている。

　サイトの説明文で「日本初のバイラル（感染的な）メディア」と自称している。「バイラル」とはSNSで拡散させることを意味する。しかし、運営の在り方をみると、SNSで拡散する目的はニュースの発信よりも、収益目的で収拾がつかなくなるほど批判や非難が殺到する、「炎上」をさせることにあるように映る。

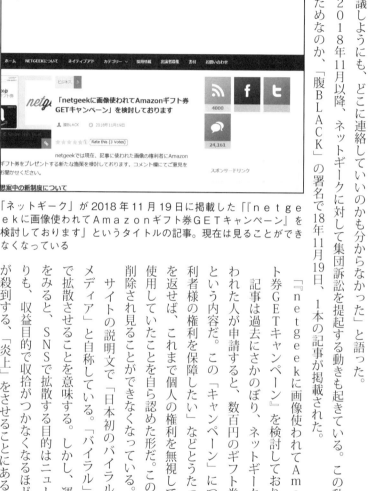

自らの安全を守るために顔を隠しつつ、通告なしに個人の権利を侵害する。そして、権利侵害や個人攻撃を含んだ記事によって収益を得てきた。「メディア」という看板とは遠く離れた場所にネットギークは存在していた。

（ファクトチェック取材班・池田哲平）

◎元執筆者、恐れる報復「運営者情報ばらすな」

「何かあったら、守ってくださいよ」。2018年11月下旬、関東地方の駅前にある商業施設の飲食で、記者と向かい合った男性は不安げな表情を浮かべて口を開いた。

この男性は、沖縄の基地建設に反対する人々を中傷するなどした記事を発信していたネットギークで、ライター（執筆者）として記事を書いた経験がある。取材に応じて内実を明らかにしたことが、ネットギークに知られてしまうことを恐れていた。

男性は数年前、業務委託契約のライターとしてネットギークで記事を書いていた。沖縄関係の記事は書いたことがない。ネット上で話題となっていることについてまとめていたという。

男性がライターとなったのは、サイトにある「採用情報」の欄を見たことがきっかけだ。採用情報にはこうある。「ネタ探しから記事執筆までマニュアルに従って作業して頂きます」――待遇は「時給換算で高めになるよう設定しております」としていた。

「多くの人が見ているサイトで記事を書けるのはすごい」。アルバイトの感覚で応募したという。サイトから申し込むと、メールで履歴書のフォームが送られてきた。この履歴書に必要事項を書いて送信すると、すぐに電話が掛かってきた。

「編集部です」。若い男性の声が聞こえてきた。そのまま電話による面接が始まった。

面接で特段、変わったことを聞かれた覚えはなく、その場で「採用」された。編集部の男性は「運営者の情報をばらさないように」と、きつい口調で言い渡して、電話を切った。

ネットギークの記事のノルマは1日2本。電話面接した男性は「編集長」だった。ネット回線を使った通信アプリ「スカイプ」で「書き方」の講習を受けた後、記事を書き始めた。その後の編集長とのやりとりも、スカイプで連絡を取り合った。

（ファクトチェック取材班・池田哲平）

❂執筆報酬は抑える方向　退職申し出に賠償請求

基地建設に反対する人々らを中傷する記事などを拡散しているネットギークの編集長は、ライターの男性に対して「慣れれば一つの記事は30分ぐらいで書けるよ」と話し、記事の添削や画像の選び方などについても細かく指示を出した。

「文章はいい感じです。この調子で頑張りましょう」

「タイトルは見た人が興味をもってクリックするように」

「画像が面白いと、それだけで『いいね』がもらえる」

指導は丁寧で1本の記事に何度もやりとりした。だが、ネットなどで話題になった出来事をSNSでいかに拡散できるかに重点が置かれていた。

「スカイプ」にはテレビ電話の機能もあるが、やりとりは音声通話とメッセージだけだった。編集長と一度も顔を合わせたことはなかった。

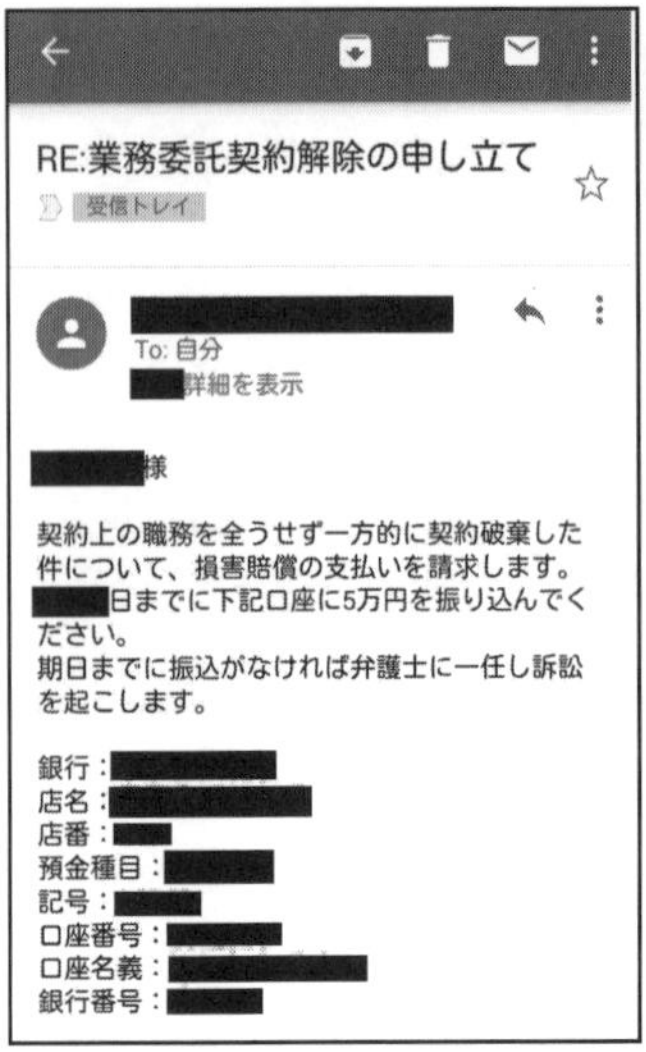

RE:業務委託契約解除の申し立て

受信トレイ

[redacted]

To: 自分

[redacted]詳細を表示

[redacted]様

契約上の職務を全うせず一方的に契約破棄した件について、損害賠償の支払いを請求します。
[redacted]日までに下記口座に5万円を振り込んでください。
期日までに振込がなければ弁護士に一任し訴訟を起こします。

銀行：[redacted]
店名：[redacted]
店番：[redacted]
預金種目：[redacted]
記号：[redacted]
口座番号：[redacted]
口座名義：[redacted]
銀行番号：[redacted]

（右）「ネットギーク」で記事を執筆していた男性。携帯やパソコンで運営者の男性とやりとりをしていた＝2018年11月、関東地方
（左）ネットギークの運営会社から元ライターに送られてきた「損害賠償」を求めるメール（画像を一部加工）

琉球新報が入手した「ｎｅｔｇｅｅｋ編集ルール」によると、フェイスブックでの共有（シェア）の数が５００未満だと、ライターの報酬は０円と記されている。

ネットギーク運営者は、外部ライターによる記事でサイトの閲覧者数を増やし、広告収入を得ていた。その額は月に百万円ほどに上るとみられている。

ネットギークが運営しているフェイスブックページで確認すると、共有５００を満たない記事がほとんどだ。運営者が外部のライターに支払う報酬は低く抑えられていたとみられる。

男性は、「時間をかけて記事を書いてもほとんど稼げなかった。別で働いた方がいいと思った」と振り返る。男性が短期間で退職を申し出ると、すぐに男性の元へ１通のメールが届いた。差出人はネットギークの運営会社だった。

「契約上の職務を全うせず一方的に契約破棄した件について、損害賠償の支払いを請求します」メールは男性が「一方的に契約破棄した」として、5万円の損害賠償を求める内容だった。メールには支払期日と、口座番号などが記され、振り込みがない場合「訴訟を起こします」としている。

男性は求めに応じず、金銭を支払っていない。その後、連絡はないという。男性は「ネットギークのやり方を見ていると、徹底的に仕返しをしようとしてくる。今でも危害を加えられるのではないかと怖い」と語った。

（ファクトチェック取材班・池田哲平）

◎知らぬ人から「死ね」　標的にされサイトを提訴

「殺す」「死ね」

知らない人からの「殺害予告」が、ツイッター上で続々と書き込まれた。直接送られてきたメッセージには死体の写真が添付され、「お前の未来だ」とも書かれていた。

関西地方に住む30代の女性はネットギークで記事にされた後、ネット上で激しく中傷された。被害はネットの世界だけにとどまらなかった。

新たに働こうとしている職場に、報道機関名を名乗らない「取材」の電話があった。「そちらで働こうとしている人について、どう思うのか」。中傷の元となった出来事を引き合いに出した嫌がらせの電話だった。電話に応対した人が報道機関名を尋ねたが答えなかったという。

サイトで発信された1本の記事によって、平穏な生活は音を立てて崩れた。

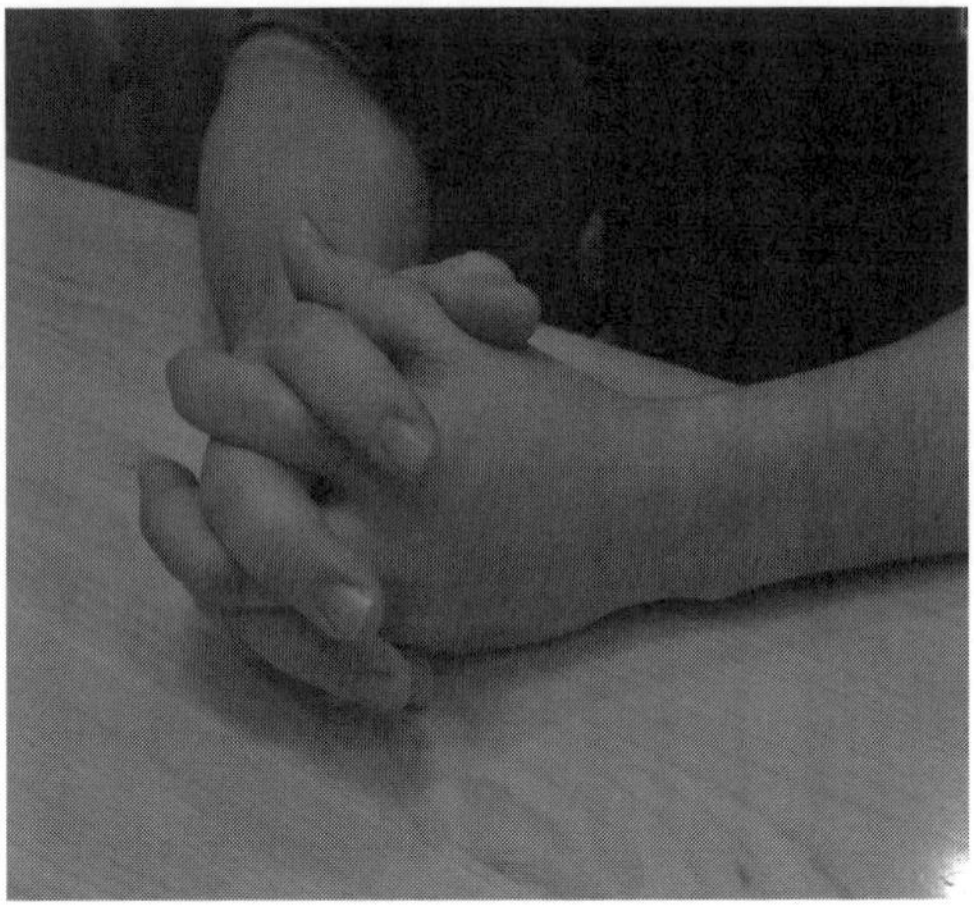

「ネットギーク」で記事にされ、ネット上で中傷を受けた男性＝2018年11月下旬、東京都内

女性が記事にされたのは、飲食店で起きた出来事をツイッターで投稿したことが発端だ。発信した内容については賛否両論あり、当初は両方の意見が書き込まれていたという。

女性の書き込みから約1週間後、ネットギークがこのことを記事にした。記事の中で、女性がツイッターで過去に発信した投稿から本人の写真が無断で掲載され、現政権に批判的な発言や行動について揶揄《やゆ》された。その直後、ツイッター上の書き込みは罵詈雑言《ばりぞうごん》や中傷的な内容であふれた。

女性は「人に言えないようなことをしているつもりは全くない。ネットギークに苦情を言おうとしても、サイトの連絡先もなく、どこにものを申していいのか分からなかった」と語る。

女性が記事にされて随分たったが、現在も中傷は続いている。

ネットギークは、沖縄県内で基地建設に反対する人々を中傷し、揶揄する記事を量産してきたサイトだ。

このサイトは個人も「標的」としていた。SNSなどで探し出した個人に攻撃的な記事を書くことによって、サイトの閲覧者数を増やしてきた面もある。

東京都内に住む40代の男性もネットギークの記事で中傷を受けた被害者だ。この男性は事実と異なる情報とともに、顔写真と本名を記事でさらされた。「載ったと知ったときは冷や汗が出た」と、男性は両手を握りしめながら振り返る。

接客業をしており、事実ではない苦情が働いている店舗に寄せられたこともあった。人が集まる場所に行くと、「中に記事を読んだ人がいるのではないか」と恐怖を感じた。知らない人から中傷するメールが届いたこともあった。

男性は「からかいがいのある人をさらして攻撃している。（サイトの）読者は自分より弱い人で憂さ晴らしをしている。彼らは誰かを攻撃することで、自分が強者だと確認しているのではないか」と話す。

ネットギークに対し、名誉毀損《きそん》で訴訟を提起する動きが出ている。原告らは2月にも記者会見を開いた上で、このサイトを訴える予定だ。

訴訟の中心となっている男性は取材に対して、「ツイッターで『獲物』を見つけると、その人の過去の投稿やフェイスブックをあさる。そして、その中のいくつかをつないで、意図的に『非常識な人』『左翼活動家』という具合にでっち上げる。実際には活動家でもなんでもなく、（ネットギークの記事は）悪意に満ちたデマだ」と指摘する。

姿を隠して攻撃的な記事を発信し、収益を得てきたサイト「ネットギーク」の運営者。その姿勢は法廷で問われることになる。

（ファクトチェック取材班・池田哲平、安富智希）

3　まとめサイト

◎部品落下「自演だろ」　恣意的編集で悪意凝縮

密度の濃い悪意がパソコンの画面上に映し出された。

「自演だろ　自首して刑務所に行け」

「被害者アピールだ」

「自作自演　恥を知れ」

「中傷ってのはテメーらが米軍にしたことだ」

インターネット上のあるサイトを開くと、刃物のように鋭利な言葉ばかりが並んでいた。ページの上から下まで続く攻撃的な文面。一つひとつ読むと、微妙に文体や表現の仕方が違う。複数の人物によって別々に書かれたであろう短文が1カ所に集められ、侮蔑《ぶべつ》の言葉にあふれていた。

目の前にしているのは「まとめサイト」と呼ばれているサイトだ。これまでファクトチェック取材班が取り上げた「ネットギーク」のようなサイトや「２０１８年沖縄県知事選について考える。」というブログとは違った種類の発信媒体だ。

緑ヶ丘保育園に対する中傷があふれるサイトを見る神谷武宏園長（手前左）と保護者ら＝2019年1月4日、宜野湾市の緑ヶ丘保育園

「まとめサイト」とは何か。主にネット上で公開されている「5ちゃんねる」（旧2ちゃんねる）などの匿名掲示板のスレッド（話題）の中に投稿される文章を、運営者が恣意《しい》的に集め、記事をつくる。話題は趣味や身近な話題など多岐に及ぶが、差別や中傷をあおる記事も少なくない。

そうした記事をつくるサイトの運営者は、新聞やテレビなどが報じた出来事について、掲示板などに投稿された、より過激で攻撃的な意見や感想を集める傾向にある。誹謗《ひぼう》中傷や攻撃的な言葉が一つに集められることで、より先鋭化する。そして共感した読者がSNSで共有（シェア）することで一気に拡散する。

そのような「まとめサイト」がつくる記事を見る限り、標的に向けた一方的な攻撃ばかりが多数を占める印象を受ける。対象となった個人や組織が見たとすれば、そこから受ける痛みは計り知れない。

冒頭で紹介した心ない言葉がネット上でぶつけられたのは、突然思いもよらない事故に遭い、恐怖に見舞われた沖縄の被害者に対してだった。

2017年12月7日、宜野湾《ぎのわん》市の緑ヶ丘保育園（神谷武宏園長）に米軍ヘリの部品カバーが落下した。「ドーン」。クリスマスの出し物の練習中に衝撃音が響き渡り、園児約60人は「わー」「怖い」などと悲鳴を上げた。園に駆け付けた保護者は涙をぬぐいながら、園児を抱きしめた。幸いけが人はなかったが、米軍基地あるが故に起こった事故は、いつかまた起きかねないという不安や恐怖を植え付けた。

事故が直接、園児や保護者に与えた影響も大きかったが、さらに被害者の心の傷口に塩を塗る行為を楽しむかのような記事が、「まとめサイト」で次々とつくられた。

米軍が事故の関連を否定する報道が流れると、「まとめサイト」では部品の落下自体が園の「自作自演」と断定し、園長らを中傷する記事を量産した。「まとめサイト」などで攻撃的な言説が飛び交うと同時に、園に対し中傷の電話やメールが殺到した。心ない攻撃の言葉はネットからあふれ出し、現実を侵食した。

ファクトチェック取材班は緑ヶ丘保育園を訪ね、事故後に園を誹謗中傷した記事を多数発信した「まとめサイト」を、神谷園長や保護者に見てもらった。画面を追う園長の顔は次第にこわばった。

「園に直接あった電話やメールの言葉とほとんど同じだ」とつぶやいた。「真実を知らずに、事故の被害に遭った側を〝自作自演〟とばかにする。人間としてしてはいけないことだ」

園長は必死に声を振り絞った。

（ファクトチェック取材班・安富智希）

✪人傷つける意識を「笑い」で助長　問われる法的責任

被害者の傷をえぐるような攻撃的な内容の数々……。悪意と中傷に満ちた記事は「現実でも暴力や嫌がらせを受けるのではないか」という不安や恐怖を被害者に植え付ける。ネット上の匿名掲示板に投稿される複数の文章を運営者が恣意《しい》的に集める「まとめサイト」。緑ケ丘保育園に米軍ヘリの部品が落下した事故後、「まとめサイト」からは園の中傷記事が次々と拡散された。

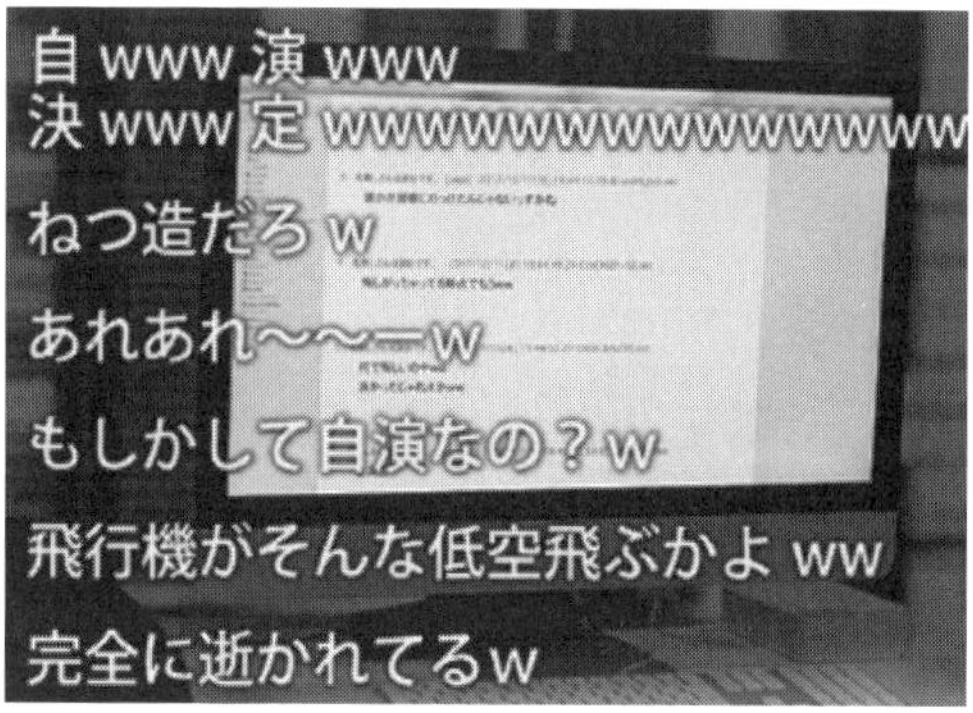

匿名掲示板から運営者が意図的に選んだ短文を並べ記事をつくる「まとめサイト」。差別や中傷を楽しむ様子が垣間見える

ファクトチェック取材班が園を訪ね、「まとめサイト」を園児らの保護者に見てもらうと、保護者は身をすくめた。

「すごく怖かった。震えるくらい。子どもや保護者が何か被害に遭うのではないかと思った」と、城間望さん（38歳）は声を震わせた。

部品落下は園関係者がつくった虚構という前提で「自作自演だ」と断定し、園を中傷する短文が20本以上も並ぶ。似たような内容でも圧倒的分量で繰り返されることで、受ける恐怖は何倍にもふくれ上がる。

匿名掲示板の特徴は、素性を隠した状態で気軽に投稿できるところにもある。「あれあれ～w　もしかして自演なの？w」。投稿された短文は、末尾に笑うことを意味する「w」や「(笑)」

という記号を付け、被害者を「ネタ」にあざ笑う。「まとめサイト」では中傷したり、侮辱したりする投稿が集められる。

差別の問題に詳しいジャーナリストの安田浩一さんは、「『笑い』は差別のキーワードだ」と指摘する。笑いながらピースサインをして「朝鮮人を殺せ」などと街宣で叫ぶ人たちも見てきた。

「笑い合う空間をつくることが過激なことを許容させている」と話すのは、大阪大学大学院准教授（コミュニケーション論）の辻大介さんだ。被害者を「ネタ」に笑うことで、人を傷つけている自覚は薄まる。

さらに悪質なのは被害者がまじめに反論しても、「どうして本気になっちゃっているの」などとかわされることだ。辻さんは「差別や中傷に対抗することが難しい空間が生まれてしまう」と話す。少数者を差別する街宣での行動についても、「ネットの匿名掲示板的な空間が現実に出てきた感じがする」と警鐘を鳴らした。

「まとめサイト」は街角でよく聞く悪口や居酒屋談義を集めた内容に過ぎないと、無視していいのだろうか。

ネットメディア「バズフィード・ジャパン」創刊編集長の古田大輔さんが説明する。東京都内の大学の授業で気になるニュースを持ち寄り、議論をするという課題が出た。その時、ニュースとして「まとめサイト」の記事を印刷してきた学生がいたという。

古田さんは「その学生にとってはまとめサイトも朝日新聞もＮＨＫも一緒で、ニュース記事だと思っている」と指摘する。影響力は否定できない。

「まとめサイト」が攻撃し、嘲笑《ちょうしょう》の対象にするのは沖縄だけではない。在日朝鮮人などのマイノリティーにも矛先は向かう。

２０１８年12月11日付で最高裁判所が下したある判断が話題になった。「まとめサイト」から人種差別、女性差別などを受け、精神的苦痛を被ったなどとして、大阪府在住の在日朝鮮人の女性が起こした裁判だ。大阪地方裁判所と大阪高等裁判所がサイト運営者に損害賠償２００万円の支払いを命じる判決を下した。さらにサイト運営者の上告を最高裁が退けた。

「まとめサイト」の法的責任が初めて認められた判決だった。（ファクトチェック取材班・安富智希）

✪裁かれた「保守速報」　責任問われる差別記事

インターネット上の匿名掲示板に投稿される複数の短文を、運営者が恣意的に集めて記事をつくる「まとめサイト」と裁判で争ったのは、フリーライターで在日朝鮮人女性の李信恵《リシネ》さん（47歳）だ。李さんは差別や名誉を毀損する記事で精神的苦痛を受けたとして、まとめサイト「保守速報」の運営者を大阪地裁に訴えた。

保守速報は記事で李さんを「気違い女」「バカ左翼朝鮮人」「ゴキブリ朝鮮人」「日本から出て行け」など、読むに堪えない言葉で攻撃していた。

保守速報は大手のまとめサイトとして知られる。李さんが訴訟を準備していた２０１４年当時、保守速報の閲覧数は1年で延べ４億人、１日当たり75万人が読んでいた。19年1月11日現在、ツイッターのフォロワー（読者）の数も6万人に及ぶ。

保守速報はネットの匿名掲示板の投稿を保守的な政治思想に基づいてまとめ、中国や韓国、在日朝鮮人、沖縄の基地問題などを取り上げ、差別的な表現で中傷する記事を多く発信している。

14年の衆議院解散の話題で民主党を揶揄《やゆ》した保守速報の記事を、安倍晋三首相が自身のフェイスブックでシェアしたことでも物議を醸した。現在、首相のフェイスブックからこの記事は削除されている。

取材班が19年1月8日に調べたところ、緑ケ丘保育園の事故に関する記事は7本確認されたが、1月12日には3本に減っている。

取材班はサイトのメール欄から運営者に対し、記事の作成意図などについて問い合わせたが返信はない。サイトの「ドメイン」（ネット上の住所）情報を調べると大阪府の代行業者に行き着き、運営者自身の居住先を含めそれ以上、探ることはできなかった。取材班は裁判で運営者の弁護を務めた弁護士を通し、運営者の取材を依頼したが拒否された。

18年12月上旬、取材班はコリアンタウンがある大阪市の鶴橋《つるはし》駅で李さんと待ち合わせ、喫茶店で話を聞いた。

「2013年ごろから私を攻撃する記事が増えた」と李さんは語り始めた。「標的」になるきっかけは、コリアンタウンがある東京都新大久保の街頭で「殺せ、朝鮮人」と叫ぶヘイト（差別）運動に対して、批判する記事をネットメディアで書いたことだった。

保守速報が李さんの記事を発信するたびに、李さんの元には膨大な数の差別的な言葉や不快な画像、みだらな画像が送られるようになった。「1日5千、多いときは2万件届いたこともある」。淡々とした口調だが表情はこわばっているのが分かる。恐怖とストレスで李さんは不眠や吐き気に襲われ、突発性難聴などを発症した。

「夜に一人で歩くのも怖くなった。悔しいし、腹が立つし、悲しいけど、その姿を見せると『効果があった』と相手を喜ばせてしまう」

気丈《きじょう》に振る舞う姿が、傷の深さをうかがわせた。

（ファクトチェック取材班・安富智希）

✿転載でも法的責任　差別を認定、賠償命じる

在日朝鮮人女性でフリーライターの李信恵さんが、まとめサイト「保守速報」に中傷を繰り返され、精神的な苦痛を被ったとして訴えた裁判で、保守速報の運営者本人は法廷に一度も姿を見せることはなかった。保守速報側は代理人の弁護士が出廷した。

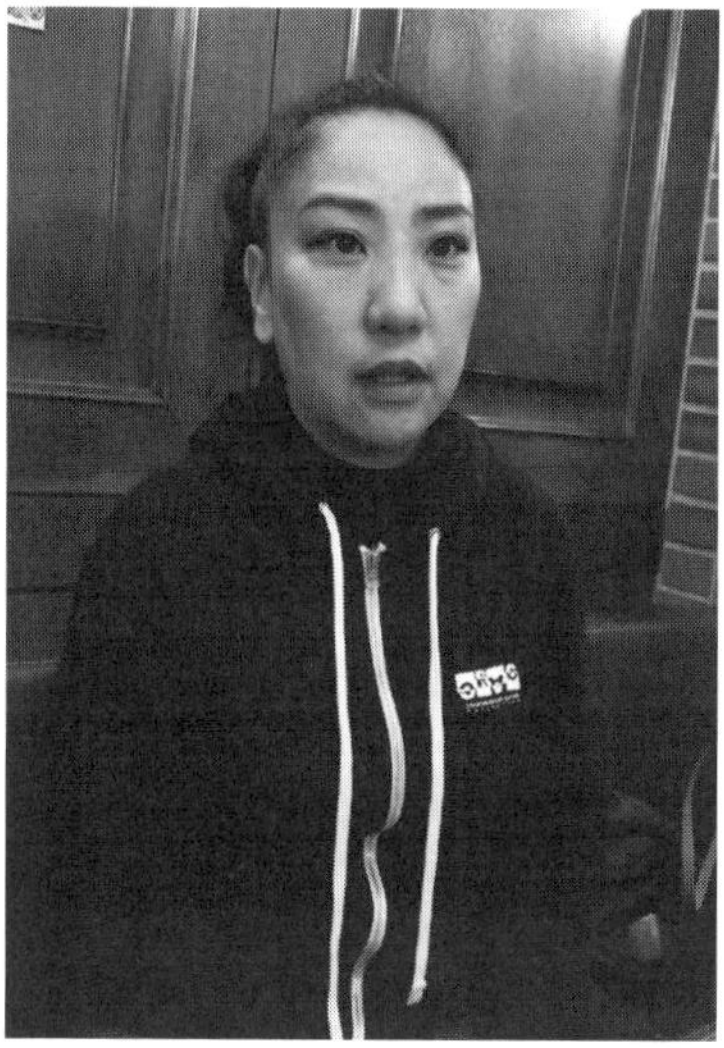

まとめサイト「保守速報」を訴えた李信恵さん＝2018年12月11日、大阪府大阪市

保守速報はインターネット上の匿名掲示板などで、李さんを攻撃する投稿を集めた記事を拡散した「まとめサイト」の一つだ。裁判では大きく二つの争点があった。一つ目は保守速報の記事が差別をあおり、李さんの権利を侵害したかどうかという点だ。

保守速報側は「社会通念上許される限度を超えた侮蔑には当たらない」などと主張した。それを法廷で聞いた李さんの感想は「やっぱりそう言うのか」だった。責任を回避する主張は覚悟していた。だが弁護人が法廷で堂々と正当性

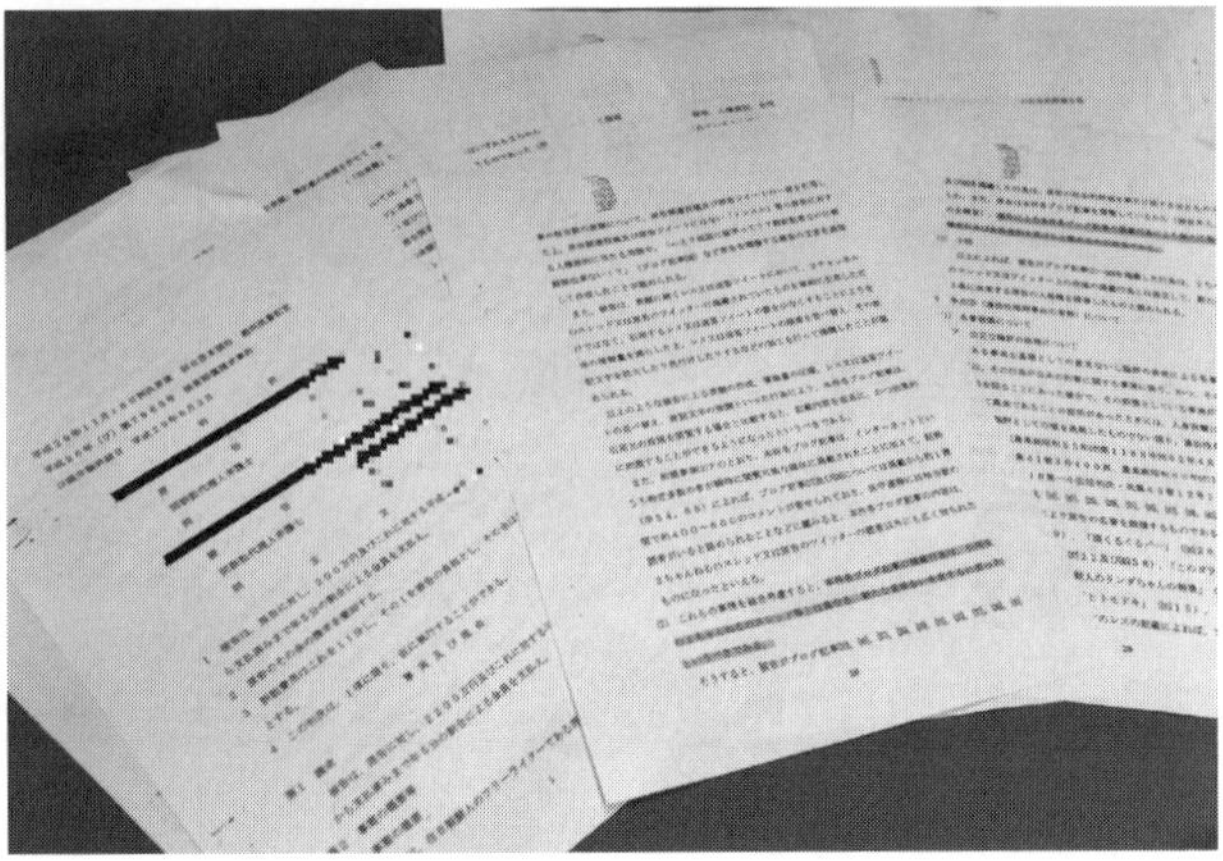

「まとめサイト」の法的責任を認めた大阪高裁判決の判決文

を主張する姿を見るのは、「傷つくし、しんどかった」と漏らす。

保守速報は２０１３年から約1年間で、李さんに関する45本の記事を掲載した。匿名掲示板から「気違い女」「ゴキブリ朝鮮人」などの言葉を引用したが、保守速報側は「李さん個人に向けた言葉ではなく、李さんの思想に対する批判だ」とし、人種や女性の差別には当たらないと主張した。

争点の二つ目はネット掲示板の投稿を転載してつくる記事に対し、引用元の掲示板とは別の法的責任が生じるかどうかという点だった。保守速報側は「李さんの権利は引用元の投稿で侵害されたもので、サイト記事の掲載で新たに侵害されたものではない」と強調した。

李さん側は、保守速報が記事の引用元のネット掲示板よりも文字を大きくしたり、色を付けたりして「派手」に主張を発信していることや、掲示板にはない李さんの写真を掲載していることなどを指摘した。その上で、単なる引用ではなく「まとめる」という行為で、李さんの権利が「新たに侵害された」と訴えた。

大阪地裁、大阪高裁はまとめサイトの法的責任を認め、記事の内容も女性差別と人種差別の複合差別だったと認定した。そして保守速報側に損害賠償として200万円の支払いを命じた。最高裁も2018年12月11日付で高裁判決を支持し、李さんの勝訴が確定した。

保守速報の運営者は敗訴確定後、サイト上で「保守速報は続けていきます」などと短い記事を掲載した。李さんは「勝てて良かった。判例がデマやヘイト（憎悪）の抑止力になってほしい」とさらなる法的整備などを求めた。

今回の判決が沖縄へのヘイトの抑止力になるだろうか。ファクトチェック取材班に対し、李さんの代理人弁護士は「名誉毀損は個人を守るためにあり、集団への名誉を守るためにはない」と否定的な見解を示した。

ただ、今回の裁判の判決以降、保守速報などまとめサイトは大きく変化することになる。

（ファクトチェック取材班・安富智希）

✪差別サイトから広告消失　広がる企業の取り下げ

インターネット上の匿名掲示板などから投稿を集め、差別をあおる記事をネット上で拡散していたまとめサイト「保守速報」から、企業のホームページなどに誘導する有料広告（バナー広告）が次々と消えた。2018年6月ごろからで、保守速報から攻撃を受けていた李信恵《リシネ》さんが訴えた裁判の、大阪高裁判決を目前に控えていた。まとめサイトなどで収入を得ている運営者は、サイトの閲覧数などに応じて広告収入が入る仕組みを導入している。読者の関心が高い記事を投稿し、閲覧数が増加すれば収入も増える。

18年春までは、多くの企業広告が掲載されていた保守速報には現在、有料広告がほとんど見当たらな

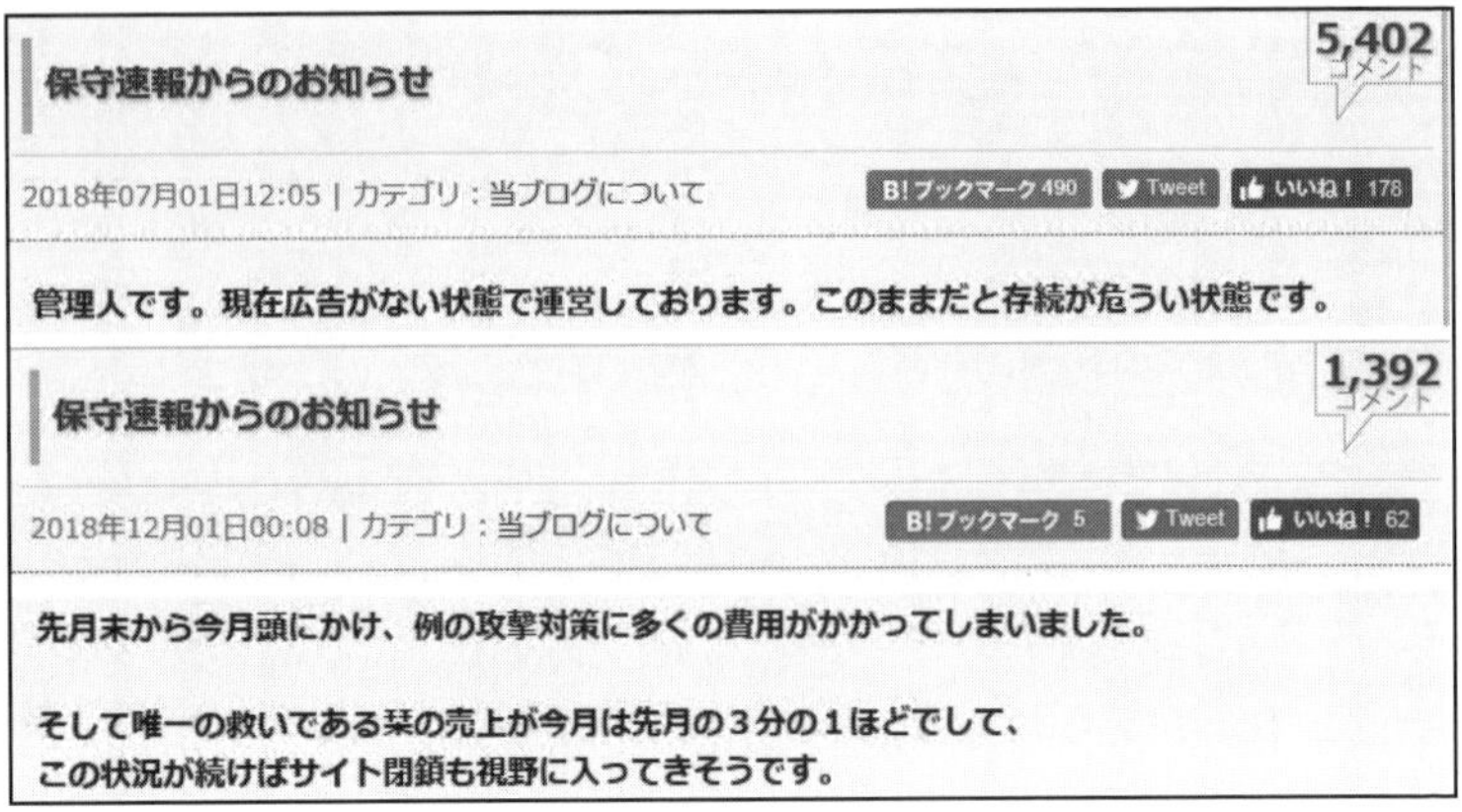
保守速報からのお知らせ
5,402
コメント
2018年07月01日12:05 | カテゴリ：当ブログについて
B!ブックマーク 490
Tweet
いいね！ 178
管理人です。現在広告がない状態で運営しております。このままだと存続が危うい状態です。
保守速報からのお知らせ
1,392
コメント
2018年12月01日00:08 | カテゴリ：当ブログについて
B!ブックマーク 5
Tweet
いいね！ 62
先月末から今月頭にかけ、例の攻撃対策に多くの費用がかかってしまいました。
そして唯一の救いである栞の売上が今月は先月の３分の１ほどでして、
この状況が続けばサイト閉鎖も視野に入ってきそうです。

有料広告が次々と消えた現状を報告する保守速報の「お知らせ」とサイトで販売を始めたしおり購入の協力を求める「お知らせ」

い。次々と広告企業が撤退したためだ。きっかけは一つのメール発信だった。保守速報の記事内容に疑問を感じた人が２０１８年６月、広告主の企業に「差別をあおるサイトに広告を載せていいのか」との趣旨のメールを送ったのだ。送り先は大企業だった。

ネット広告の掲載までには広告主と掲載サイトの間に複数の企業が関わり、広告主が広告の掲載先を把握できていないことがある。メールを受けた企業はすぐに広告を取り下げた。この件がネットで広まると、同様な通報を広告主の企業などに行う動きが広がった。

差別をあおるサイトへの広告業界の対応も始まっている。取材班はネット広告に関わる企業２７１社が加盟する日本インタラクティブ広告協会（ＪＩＡＡ）に対し、差別をあおるサイトへの広告掲載への見解を尋ねた。

ＪＩＡＡは「個別の見解を申し上げることは難しい」とした上で、「ヘイトスピーチなどの差別や人権侵害をしているサイト等は広告掲載先として不適切」との見解を示した。ＪＩＡＡは加盟社に、こうしたサイトに広告を掲載しないよう努めるべきだとする声明を17年12月に出している。声明に準じた指針を策定・公表する考えだ。

有料広告が消え収入源を失った保守速報は18年7月、サイトに「広告がない状態で運営しております。このままだと存続が危うい状態です」とした記事を掲載した。その後、保守速報を支援する動きを受け、9月からサイト上でしおりを販売し、その収益でサイトの運営を続けている。

李さんが保守速報を訴えた裁判は最高裁まで争われた。裁判所は、ネット上の匿名掲示板から攻撃する短文を抜き出して記事をつくった保守速報の法的責任を認め、損害賠償200万円の支払いを命じた。李さんの勝訴が確定した。

ジャーナリストの津田大介さんは判決を「大きな節目になる」と評価し、「この判例を利用して、悪質なサイトに対して被害を受けている側が訴訟を起こす。悪質なサイトに掲載された広告主に問い合わせる。この2点を地道にやることが重要だ」と指摘した。

（ファクトチェック取材班・安富智希）

4　ヘイトの増幅

◎「2紙は外患誘致罪」　ブログ主宰者が告発状

2016年10月25日、ある人物が琉球新報社と沖縄タイムス社を刑事告発した。東京地方検察庁の検事正宛ての告発状によると、罪名は「外患誘致罪」となっている。告発理由には次のように記されている。「沖縄での両社の報道姿勢は外国勢力と通謀し、国内の反日勢力を擁護する姿勢が鮮明となり、特に中国に対して武力行使を誘引するメッセージとなっている」

外患誘致罪は刑法上最も重い罪で、「外国と通謀して日本国に対し武力を行使させた者は、死刑に処する」と規定している。告発状は両社の社長を名指しで刑事告発し「死刑」にするよう、検察に求めていた。

この告発状の被告発人には「基地周辺で反対行動をとる者および組織」も含まれている。そして、基地建設に反対する人々に対して、「基地前の集団についても外患誘致罪およびテロゲリラ、便衣兵《べんいへい》（民間人に偽装して敵対行為をする軍人）として速やかに処罰するよう告発する」とも記している。基地建設に反対する住民の行動を「テロ」と仕立て上げ処罰を求めていた。

ファクトチェック取材班は東京地検に、この告発状の取り扱いについて問い合わせた。返ってきた回答は「個別の事案にお答えできない」だった。告発から2年以上経過しているが、両社の社長が同罪で刑事訴追された事実はない。

告発状を出したのは、「余命三年時事日記」というインターネット上のブログを主宰している男性だ。2006年に開設されたブログの主は「余命爺《じい》」を名乗り、病気で伏した個人が日常の出来事をつづったものとしている。初代のブログ主宰者が亡くなった後も、周囲にいた人が遺志を引き継いで続けているとされている。

19年1月15日時点で、ブログで発信されている記事は2768件確認できる。「反日」「左翼」などの言葉が並び、中国や韓国、在日朝鮮人などを中傷する内容が数多く掲載されている。さらに、ブログの内容は書籍化もされている。ブログの記事を見ていると個人や行政機関、報道機関などを対象に処罰を求める告発状を検察などに送りつけていた。告発には、ブログ主宰者だけでなく、記事に呼応した読者も深く関わっている。

沖縄２紙を刑事告発したという記事には、ブログ読者がこう書き込んでいた。

「いよいよ始まりましたね、外患罪祭り。（中略）感無量です」

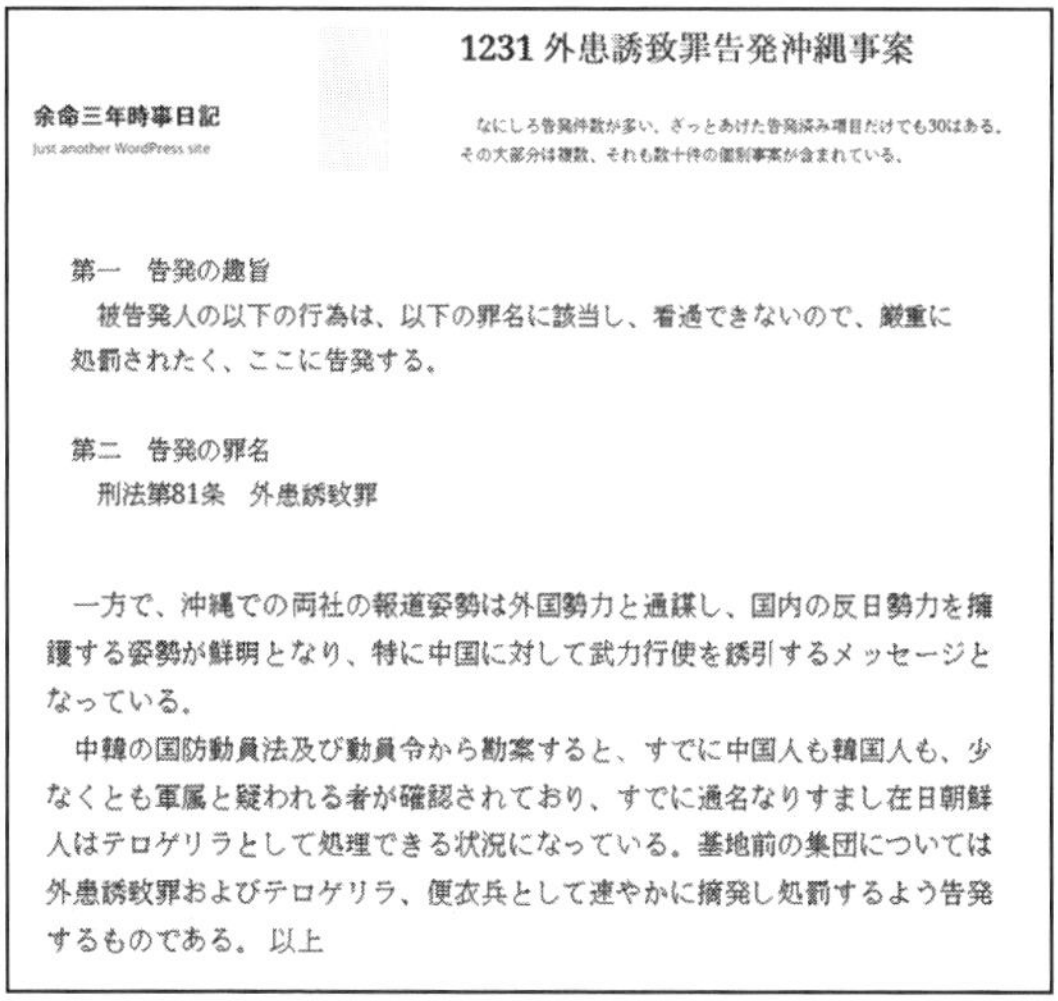
余命三年時事日記
Just another WordPress site

1231 外患誘致罪告発沖縄事案

なにしろ告発件数が多い、ざっとあげた告発済み項目だけでも30はある。その大部分は複数、それも数十件の個別事案が含まれている。

第一　告発の趣旨
被告発人の以下の行為は、以下の罪名に該当し、看過できないので、厳重に処罰されたく、ここに告発する。

第二　告発の罪名
刑法第81条　外患誘致罪

一方で、沖縄での両社の報道姿勢は外国勢力と通謀し、国内の反日勢力を擁護する姿勢が鮮明となり、特に中国に対して武力行使を誘引するメッセージとなっている。
中韓の国防動員法及び動員令から勘案すると、すでに中国人も韓国人も、少なくとも軍属と疑われる者が確認されており、すでに通名なりすまし在日朝鮮人はテロゲリラとして処理できる状況になっている。基地前の集団については外患誘致罪およびテロゲリラ、便衣兵として速やかに摘発し処罰するよう告発するものである。以上

インターネット上のブログ「余命三年時事日記」で、沖縄２紙に対して「外患誘致罪」の適用を求めていた書き込み（ブログの画面を画像化しました。複数の箇所を抜粋しています）

「もう完全、朝鮮国は終わり。在日朝鮮人は日本人を怒らせすぎた。（中略）安倍首相と余命様の指揮司令等に従いますよ」

余命三年時事日記という一つのブログは、読者を引き付け、ヘイト（憎悪）感情を増幅させていた。そして、そのヘイトは「告発状」として、実在社会へ向かった。さらに、このブログを発端とした弁護士への大量懲戒請求事件も引き起こされていくことになる。

（ファクトチェック取材班・池田哲平）

✪弁護士に懲戒請求　ブログで呼び掛け961通

2017年11月から12月にかけて、沖縄弁護士会に県外から大量の文書が郵送されてきた。届いた文書は961通。送り主は北海道から沖縄まで、全国各地に住む個人だった。文書の内容は判を押したかのようにほぼ同じだった。

「違法である朝鮮人学校補助金支給要求声明に賛同し、推進する行為は確信的犯罪行為である」

当時の沖縄弁護士会会長と、同会に所属し朝鮮にルーツがある在日コリアンの白充《ペクチュン》弁護士の懲戒を求める「懲戒請求書」だった。いずれもインターネット上のブログ「余命三年時事日記」の呼び掛けに応じた読者が署名し、郵送で送ったものだ。

この懲戒請求書にある「朝鮮人学校補助金支給要求声明」とは、日本弁護士連合会（日弁連）などが出した声明を指す。文部科学省は16年、朝鮮学校への自治体の補助金支給について再考を促す通知を出した。これに対し、日弁連は声明を出し「政治的理由により補助金の支給を停止することは、朝鮮学校に通学する子どもたちの学習権の侵害につながる」と反対した。

日弁連によると、弁護士への懲戒請求は弁護士法違反や、所属弁護士会の秩序や信用を害するなど「品位を失うべき非行」があった場合に、弁護士に懲戒を科すことができる。

沖縄弁護士会に届いた「懲戒請求書」は日弁連の声明を引き合いに出し、沖縄弁護士会会長と白弁護士が声明に賛同するなどの「確信的犯罪行為」があったなどと記していた。だが沖縄弁護士会会長、白弁護士ともに「品位を失うべき非行」があったわけではない。日弁連の声明に関わってすらいなかった。にも

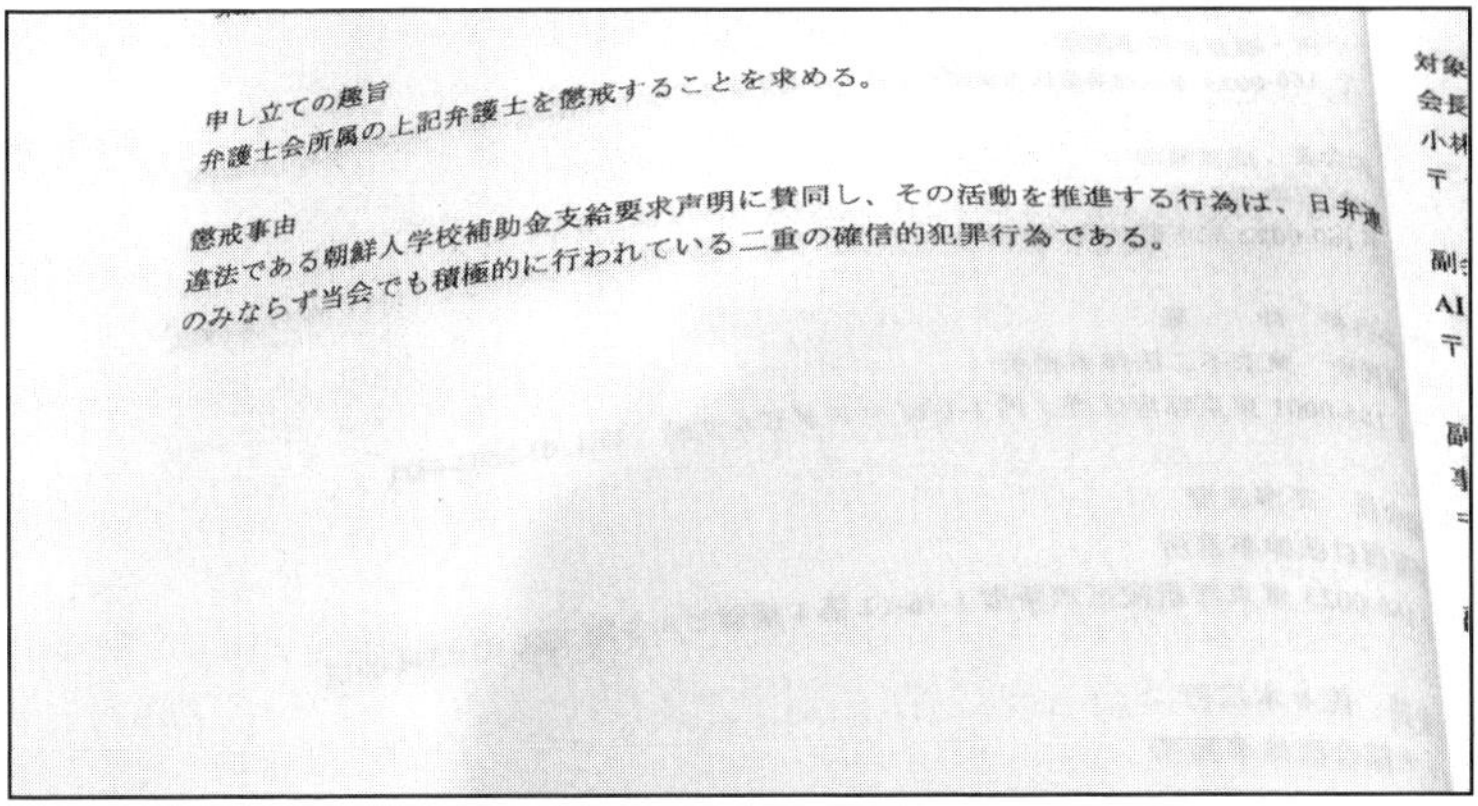
申し立ての趣旨
弁護士会所属の上記弁護士を懲戒することを求める。

懲戒事由
違法である朝鮮人学校補助金支給要求声明に賛同し、その活動を推進する行為は、日弁連
のみならず当会でも積極的に行われている二重の確信的犯罪行為である。

各地の弁護士に届いた懲戒請求書

かかわらず、制度を悪用されて懲戒請求を受けていた。発端のブログ「余命三年時事日記」は、琉球新報など沖縄2紙や全国の報道機関、研究者を対象に検察などの捜査機関に「告発状」を出してきた経緯がある。

通常、捜査機関は告発者の氏名を告発対象者に知らせることはないが、弁護士への懲戒請求制度は請求者の氏名、住所が請求を受けた弁護士に伝わる。懲戒を求める理由が事実無根の場合、請求者に損害賠償の支払いを命じた判例も出ている。だが、このブログでは「懲戒請求者の氏名は伏される」として広く賛同を呼び掛けていたのだ。

ブログの内容を信じて懲戒請求を出した関東在住の男性が取材に答えた。男性によると、これまでもブログで募った捜査機関への告発状に賛同して出したが、「不受理」などで返送されてきていたという。

男性は「告発状は不受理などとして戻ってくることが繰り返しあった。今回（弁護士への懲戒請求）も同じようにやった。制度の趣旨がよく分からなかった」と語った。

「余命三年時事日記」が発端となった弁護士への懲戒請求は、

17年から全国各地の弁護士会や在日コリアンの弁護士に対して大量に出された。例年、懲戒請求は4千件以下だが、17年は13万件を超えている。

一つのブログが仕掛けた弁護士への攻撃は読者らの間で爆発的に広がっていった。そして「趣旨を分からない」まま懲戒請求を出したブログ読者自身にツケが回ってくることになる。

（ファクトチェック班・池田哲平）

◎発信拠点に気配なく　ブログ読者は「洗脳された」

２０１９年1月9日午後、東京都北部に位置する巨大な団地の最上階にある一室を訪ねた。呼び鈴を鳴らしても応答がない。部屋の前でしばらく待っていると、男性が外廊下をこちらに向かって歩いてきた。そして部屋の前で止まり、鍵でドアを開けた。「（住人は）いないよ」と、男性が答えた。

取材班が訪ねたのはブログ「余命三年時事日記」の主宰者の部屋だ。男性が鍵を開けると部屋の様子が見えた。玄関先にはいくつもの郵便物が転がっている。部屋の奥は暗く、中に他の人がいる気配はない。

部屋を開けた男性はブログ主宰者の知人だと語った。「しばらく帰ってきていないのか」と尋ねると、「頼まれて部屋を片付けにきているだけだから」と言い残し、散らばった郵便物を集め、鍵をかけると足早に立ち去っていった。

ブログ「余命三年時事日記」は、沖縄2紙などへの「刑事告発状」や、弁護士に対する懲戒請求が大量に出される発端となった。ブログの主宰者は、この部屋からヘイト（憎悪）表現を含む記事を発信していたとみられる。

取材班はブログ主宰者が運営している会社の登記簿などから住所を把握した。さらに、関係先から携帯電話の番号も知り得た。18年12月中旬以降に複数回電話を掛けたところ、呼び出し音は鳴るが一度も応答することはなかった。

ブログ「余命三年時事日記」の主宰者が住んでいる団地の一角＝2019年1月9日、東京都内

取材班はブログ主宰者がなぜ捜査機関への「告発状」を何度も出したのか、弁護士への大量懲戒請求に踏み切った真意などついて、直接話を聞くために部屋を訪れていたのだ。部屋の表札はブログ主宰者の氏名と一致している。しかし、事前に入手していた写真で確認したが、部屋のドアを開けた男性はブログ主宰者とは別人のようだった。結局、ブログ主宰者にたどり着くことはできなかった。

２０１８年夏以降、不当な懲戒請求を受けた一部の弁護士らが、懲戒請求者らに損害賠償を求めて提訴する動きが出てきている。ブログを信じて懲戒請求に踏み切った請求者らは、法廷の場で裁かれることになる。

大阪の毎日放送は18年末に放送したドキュメンタリー番組の中で、ブログ主宰者に迫り、電話で取材している。番組でブログ主宰者はこう語った。

「実際に書いているものというのは、初期のものなんか、単なるコピペですからね。本人の体験はほとんど入っていない」

「コピペ」とは「コピーアンドペースト」の略語だ。ブログ主宰者はどこかの文章をコピーし、貼り付けることでブログの記事を書いていたと明らかにしたのだ。

取材班は懲戒請求を受けた弁護士らに取材を重ねていった。そして、実際に懲戒請求を出したブログ読者らは「洗脳されていた」「社会を変えられるという高揚感があった」などと語っていることが分かった。

読者らはブログで呼び掛けられた行動が世の中の役に立っていると信じ、行動していた。

（ファクトチェック取材班）

✪攻撃対象は次第に拡大　懲戒請求者の大半は50代超

「偏った思想に取り付かれ、内容を吟味《ぎんみ》せずに加担してしまった」

「マインドコントロールされ、集団ヒステリー状態になってしまった」

これらはブログ「余命三年時事日記」を読み、弁護士への懲戒請求を出した人が宛てた手紙の一文だ。

懲戒請求を受けた一部の弁護士らが請求者を提訴する動きが始まっている。提訴が明らかになった後、懲戒請求を受けた弁護士に謝罪の手紙が続々と届いている。

懲戒請求を受けた東京弁護士会の佐々木亮弁護士、北周士弁護士は懲戒請求者に対して、損害賠償を求める訴訟を起こしている。和解にも応じており、２０１９年1月10日現在で31人が和解を申し込んできたという。

懲戒請求者はどのような人物なのか。両弁護士によると、和解を申し込んだ懲戒請求者の多くは50代後半から60代で若くても40代だった。男性が6割、女性が4割程度で性差での違いはほぼなかったという。さらに、一戸建てとみられる住所が多く、氏名でたどると医者や経営者、公務員なども含まれていたという。

ブログ「余命三年時事日記」が発端となり、弁護士への懲戒請求を出した沖縄県内の請求者が住所として指定していた県営住宅＝2018年11月20日、本島中部

取材を進めていくと、ブログを読んで懲戒請求を出した請求者は、沖縄県内からも3人はいることが分かった。

取材班は18年11月中旬から懲戒請求者に接触を試みているが、19年1月中旬までに取材することはできていない。

そのうち、一人の男性が住所としていたのは本島中部の県営住宅の一室だった。18年11月20日夜、その住宅を訪ねると、全ての部屋の電気は消え、郵便受けには封がしてあり、人が住んでいる気配はなかった。後になって沖縄県に確認したところ、この県営住宅は建て替えが決まり、入居者はすでに退去していた。新たな住所に転送されることを期待し、郵送で手紙を出したが、「あて所に尋ねあたりません」として戻ってきた。

懲戒請求を受けた東京弁護士会の佐々木弁護士、北弁護士は共に在日コリアンの弁護士でもなく、懲戒請求のきっかけと言われる日弁連の声明にもかかわっていなかった。

ただ、佐々木弁護士は「余命三年時事日記」を書籍化した出版社の労働問題に関する訴訟で、労働者側の代理人を担当した経緯があった。このことが懲戒請求を受けるきっかけになったとみられる。

佐々木弁護士が身に覚えのない懲戒請求が届いたことをツイッターで発信したところ、北弁護士が佐々木弁護士を擁護する書き込みをした。その後、北弁護士も懲戒請求の標的となった。

佐々木弁護士は、「根底にあるのは差別だと思う。ネットという媒体を通して、狭いところで読者が共感し合い、民族差別があおり立てた。そして、次々とターゲットを広げていった」と分析する。

一つのブログで在日朝鮮人へのヘイト（憎悪）感情が増幅され、徐々に攻撃対象を広げていった構図が浮かび上がった。

請求者への訴訟について、北弁護士は「放っておくと今後もエスカレートしていく可能性がある。闘える状況の時に歯止めを効かせていきたい」と語った。

（ファクトチェック取材班・池田哲平）

❂「国策」が生む差別　問題とどう向き合うか

「会員弁護士のバックグラウンドだけで懲戒を請求した。個人への攻撃だ。強く非難しなければならない」

２０１８年7月25日、記者会見を開いた沖縄弁護士会の天方徹《あまがたてつ》会長は、沖縄弁護士会に大量の懲戒請求書が送られてきたことを明らかにした。そして懲戒請求をした人々に対して「ヘイトスピーチと同種の行為だ」と強く非難した。

17年11月と12月、沖縄弁護士会に送られた懲戒請求書は961件に上った。いずれもブログ「余命三年時事日記」を見た読者から送られたものだ。懲戒対象は当時の弁護士会会長と、同会に所属し、朝鮮にルーツがある在日コリアンの白充《ペクチュン》弁護士だった。

沖縄弁護士会に送られた大量懲戒請求書を巡り「差別的言論」だと訴えた天方徹会長（右から２人目）＝2018年7月25日、沖縄弁護士会館

大量の懲戒請求は全国各地の弁護士会にも送付されている。中でも、沖縄弁護士会は在日コリアンの白弁護士らが対象になっている点などを挙げ、声明で「差別的言論」だとしている。全国の弁護士会が出した声明よりも踏み込み、請求者らに抗議した。大量の懲戒請求が沖縄弁護士会に届いて1年経た18年12月初旬、天方会長が取材に応えた。

「自己満足のおかげで傷ついた人がいるという結果は重大だ。懲戒請求制度を不当に利用することは弁護士自治すら危うくする」

天方会長は懲戒請求制度を利用して、特定の弁護士を攻撃した請求者の行動は日本の弁護士自治への重大な挑戦だとの認識だ。

他国では弁護士の管理、監督に国が関与している所もある。だが、日本では弁護士自治が認められ、弁護士会が各弁護士を律し、懲戒を科すことができる制度になっている。そのため、弁護士は国などの権力と対峙することができている。天方会長は弁護士自治の根幹に、国民が誰でも請求することができる懲戒請求制度があるとの見解を示す。

白弁護士は自身が通っていた朝鮮人学校の近くのガードレールに、「朝鮮人ばか」「死ね」と書かれていたことを今でも覚えている。差別は幼少期から現在まで繰り返し受けてきた被害だ。

今回、大量に懲戒請求が送りつけられた発端は、国が朝鮮人学校に対する自治体の補助金の再考を求める通知を出したことにある。通知に対して日本弁護士連合会が会長声明で反対し、弁護士が懲戒請求の対象となっていった。差別的だと批判されている国の政策が匿名性のあるネットを介して、個人の差別意識を増幅させた形になっている。

白弁護士は普天間爆音訴訟や辺野古アセス違法確認訴訟などの代理人を務めていた。国家の政策が、個人の差別意識に結び付いた在日朝鮮人への差別問題は、沖縄に差別が向かう構造とも似ていると感じている。

白弁護士は請求者だけではなく、それ以外の多くの人に考えてほしい問題だと思っている。

「(請求者を)ネットの影響を受けた変なやつらだと突き放して、問題を終わらせてほしくない。自分はこの人たち(請求者)と同じような偏見を誰かに向けていないか。その視点を持つことが問題の本質だ」

懲戒請求を受けた全国各地の弁護士が請求者に対して損害賠償を起こす動きもある。だが、請求を受けた当事者の一人でもある沖縄弁護士会所属の白弁護士は、懲戒請求者に対して訴訟を起こすことは現時点では考えていない。差別をなくすには請求者への追及よりも、全ての人への問い掛けこそ大切だと思っているからだ。

この原稿を書いていた19年1月20日、新たな情報が飛び込んだ。ブログ「余命三年時事日記」がこの日の午前中から見ることができなくなっている。「表示できませんでした」というメッセージだけが画面に表示されている。

２０１２年ごろに開設されたとみられるこのブログは、公開停止もしくは閉鎖されたようだ。

（ファクトチェック取材班・池田哲平）

■連載「沖縄フェイクを追う」ファクトチェック取材班 座談会

❖偽情報検証―真実へ地道に　姿を見せぬ発信者へ取材を丸ごと記事化

琉球新報ファクトチェック取材班は2019年1月1日から21日まで、「沖縄フェイクを追う～ネットに潜む闇」を連載した。2018年11月に取材班を結成してからインターネット上でまん延している沖縄に関するフェイク(偽)情報や、ヘイト(憎悪)表現の発信者を追った。取材を通して感じたことを取材班が話し合った。

――沖縄フェイクを追った感想は。

社会部・池田哲平　当初は何から手を付けていいか分からなかった。ネットに詳しくなく手探りだった。関係者を取材するうちに、サイトの運営者などの情報が少しずつ分かってきた。偽情報が流れた際には周囲から丹念に取材していくことが必要だと感じた。

中部報道部・安富智希　フェイク拡散の構造と特徴を知りたかった。フェイクは「ネタ」と言い換えられる。多くの人に受けるネタを書けば、読者が増えて広告収入につながる。記事や投稿に「いいね」が多く付けば承認欲求が満たされる。ネタの評価基準は面白いか、そうでないかで真実は問われない。

琉球新報ファクトチェック取材班の池田哲平記者（左端）、安富智希記者（右端）、松永勝利報道本部長（左から２人目）、宮城久緒デジタル編集担当局付部長（同３人目）。パソコンの画面は取材班の滝本匠東京報道部長＝2019年１月21日午後、琉球新報編集局の取材部屋

東京報道部・滝本匠　ファクトチェックは調査報道だとの認識を強くした。取材手法自体は新しいものではない。裏付けとなる事実を追求し言説を検証する。自分たちで事実を調べて自分たちの責任で事実を記事にしていく。まさに記者活動の醍醐味《だいごみ》と言える作業だった。

――中傷や攻撃的な言説に触れどう感じたか。

デジタル編集担当・宮城久緒　沖縄県知事選挙期間中、知事選に関しツイッターで発信された投稿を分析した。告示前後の数日は約20万件の投稿を半日以上かけて目を通した。悪口ばかりで気がめいったが、読み終えた時に傾向をつかむことができるのではないかと眠気を我慢して読み通した。ほぼ玉城デニー氏への中傷だったことにがくぜんとした。

安富　事件事故の被害者をあざ笑う醜悪な投稿を多く読んだ。心が汚れるのを感じた。投稿者はフェイクを信じる信じないというよりは楽しんでいるという感じだった。歴史などを知っているかどうかだけの問題ではない気がする。

――フェイクやヘイトの発信者を追った。

池田　ブログ「余命三年時事日記」を読み、弁護士に懲戒請求を出した複数人を尋ね、東京近隣を歩いた。不在者には手紙をポストに投函《とうかん》したところ、メールが送られてきた。「非常に気分を害している」「お答えする義務はない」などとして取材には応じてもらえなかった。

千葉県内の懲戒請求者の家を訪ねた時、部屋の中から人の声がした。呼び鈴を鳴らすと音が聞こえなくなり、応答もしてもらえなかった。他の請求者にも取材の趣旨などを書いた手紙を送ったが返信はなかった。取材を受けてくれた人は1人だけ。しかも玄関先で短時間だけだった。

滝本　フェイクをつくるサイトの制作者を追うために都内の登録住所をたどった。目的の集合住宅の入り口には居住者の名簿が張り出されていた。部屋は400近くあり、記載されていた名前とサイトに登録された名前を照合した。だが登録された名前はなかった。

別のサイトの公開情報にあった制作者の住居も捜したが住んでいなかった。住所確認のため、国立国会図書館で数年分の電話帳をめくった。調査を終わろうとした時、電話番号を見つけた。静かな図書館でガッツポーズを決めていた。電話はつながらず手がかりはついえたが、一つひとつつぶす作業でしか調査報道は成り立たないのだと思う。

――フェイクやヘイトの発信者はどう映ったか。

池田　攻撃的な表現を含んだ記事を発信したサイト「ネットギーク」の運営者の携帯電話に何度かかけたが応答はなかった。当初は呼び出し音が鳴ったが18年12月中旬以降、「お出になりません」とのメッセージが流れるだけになった。着信拒否などで意図的に避けたのかもしれない。さらに12月中旬以降、琉球新報社からネットギークのサイトが閲覧できなくなった。ネットギーク側から遮断《しゃだん》された可能性があることが分かった。運営者は表に出ることを徹底的に避けていた。

安富　ヘイトやフェイクを流す人は匿名が多い。匿名はネットの特徴なので一概に悪いと思わないが、言いっ放しで理解しようとしないことに問題点がある。そこにコミュニケーションは生まれず、被害者の傷がえぐられるだけだ。

――こだわったことは。

宮城　取材した経緯も丸ごと書くこと。沖縄フェイクの発信者を追うのが目的だが難しい取材になると予想できた。発信者にたどりつけなくても取材の経緯を記すことで、ネットでフェイクやヘイト（憎悪）を発信する人のえたいの知れない、闇の深さが浮き彫りになると思った。執筆記者の名前を記すこともこだわったことだ。不安はあったが名前や素性を隠して攻撃や中傷する人々を批判したり、疑問を呈したりする側の私たちが匿名ではいけないと思った。

池田　余命三年時事日記の読者の中には自分の情報が相手には知られないと思って、弁護士に懲戒請求を送りつけた人もいたと思う。ＳＮＳなどで意見の発信が容易になった分、中傷を発信した先に生身の人間がいることが見えなくなってしまっている。

ネットギークの運営者の連絡先を知った後、自分の氏名、連絡先を記してメールを送った。運営者は正体を隠して個人攻撃をしていた。個人情報を相手に伝えたことでネット上で攻撃を受けることも想定された。だが、記事の執筆には責任が伴う。取材する側の身分を明らかにした上でサイト運営者を正面から取材し、情報を発信する責任を厳しく問いたいと考えた。

安富　取材中は常に心配だった。記事で自分の名前が出るたびに自分も「ネタ」になると思った。でも、取材を通して分かったのは発信者自身、強烈な思想信条があるわけではなさそうだということだ。差別をネタに楽しんでいるだけの人。パソコンの画面の奥にいるえたいの知れない人物だから怖かったが、分かってしまうと何でもない。向こうもおびえていたと思う。現に取材も受けなかった。ただ、その影響を受けた読者が何をするか分からない怖さはある。

――反響は。

滝本　18年の県知事選で実施したファクトチェックは、全国の現場の記者たちから手法や課題について問い合わせを多く受けた。これほど「やりたい」と思っている記者がいることに驚いた。自分たちも、取り組みはどうしたらいいのかという実践的な問いがほとんどだった。琉球新報は以前から沖縄フェイクにさらされて、それをただす報道を続けてきた素地があったからこそ、自然にファクトチェックができたのかもしれない。

宮城　知事選で取り組んだツイッター分析について、東京でのセミナーで報告した。席は埋まり関心の高さをうかがわせた。「選挙期間中に行うことにためらいはなかったか」「どのような体制で行ったのか」

など数多くの質問を受けた。「本社も取り組みたい」と言う人も多く心強かった。ネットの話なので横文字や特殊な用語が多い。だが、ネットに普段接する機会が少ない読者にも理解してもらえるように分かりやすく書くことを心掛けた。社の先輩から「分かりやすかった」と声を掛けてもらったり、推理小説を読んでいるみたいだったと感想をもらったりした時はうれしかった。

安富　取材中、いろいろな人を傷つけたかもしれない。緑ヶ丘保育園（宜野湾市）の関係者には彼らを中傷する記事を読んでもらったし、大手まとめサイトの保守速報から攻撃を受けた、大阪府在住の在日朝鮮人女性の李信恵《リシネ》さんには、つらい体験を思い出させてしまった。だから責任を持って記事を書かなければならなかった。僕が傷をえぐる側になる可能性もある。そういう緊張感があった。その中で、李さんから別れ際に「あなたに会えて良かった」と言われたのには本当に救われた。

――フェイクやヘイトはなくすことができるか。

池田　弁護士懲戒請求の問題は根底に差別がある。裁判を起こされ、和解を名乗り出た懲戒請求者は、弁護士に対して「洗脳されていた」などと謝罪を手紙に書いた。だが、請求者らの行動はブログによる「洗脳」だけが問題だとは思えない。懲戒請求者自身が内面と向き合わないと、今後も同じように自身の差別的な意見や衝動が表に出るのではないか。

安富　フェイクやヘイトはなくならないと思う。これまでもあったし、これからもあるだろう。でも影響力を持たせてはならない。フェイクの構造を知ることで影響力をそぐことができないかと取り組んだ連載だ。少しでもその目標が実現できればうれしい。

滝本　琉球新報のファクトチェックが注目されることで、取り組みが全国的に広がることを期待している。統一地方選があり、参院選が控える。憲法改正の国民投票の問題もある。投票への判断が、誤った情報や曲げられた情報でゆがんだものになっては、この国の行方すら危うくしかねない。

Ⅳ章

ファクトチェック・フェイク監視
識者座談会

不正確、ミスリーディングな情報

誤りがあるとまでは言えないが、正確ではない情報や誤解を生じかねない情報

❖意義大きいファクトチェックの検証報道

２０１８年９月の沖縄県知事選挙で、琉球新報は地方紙としては初めてファクトチェック報道を開始し、ネット上を中心に拡散される偽情報や根拠不明の情報など「フェイクニュース」について、事実を検証した記事を掲載した。

２０１９年５月17日に開かれた座談会には、専門家やネットメディア、全国紙から有識者が集まり、琉球新報の報道への評価や、ファクトチェックの今後の方向性について活発な議論を交わした。出席者らはそれぞれの立場から現実社会に影響を及ぼしているフェイクニュースに対応するメディアの姿勢、選挙報道におけるファクトチェックの意義について考えを語った。（文中敬称略）

出席者

瀬川至朗さん（早稲田大学教授、ＮＰＯ法人「ファクトチェック・イニシアティブ（ＦＩＪ）」理事長）
古田大輔さん（ネットメディア「ＢｕｚｚＦｅｅｄ　Ｊａｐａｎ（バズフィード・ジャパン）」創刊編集長）
倉重篤郎さん（毎日新聞客員編集委員・元毎日新聞政治部長）
滝本　匠さん（琉球新報東京支社報道部長）
進行＝島　洋子さん（琉球新報報道本部長）

【沖縄県知事選挙】

対象の根拠を明確に＝瀬川　地元から象徴的報道＝古田　ダイナミズム感じた＝倉重

島　一連の琉球新報の報道についてご意見をうかがいたい。

瀬川　県知事選で琉球新報がファクトチェックを取り組んだのは画期的なことだと思う。新聞やテレビはネットの言説に関心を持っているが、見て見ぬふりをする。結果、真偽不明の情報が出回って、人々に影響を与えている状況がある。地元メディアがやるのは影響力、インパクトがあろうと思う。

一方、どの情報、言説を対象にファクトチェックをしているのかという点や根拠、判定がやや見えづらく明確ではない部分もあった。対象、結果、どの根拠に基づいて判断したのかを明確に公開性と透明性を持って示すことがＦＩＪのガイドラインとなっている。それにそぐわない部分もあった。

　新聞の情報量の制約、見出しと記事という従来の慣行と、ファクトチェックの試みが合わない部分もある。今後、ストーリーを重視しながら、かつ論理的に根拠を提示していけるような形の報道をやっていただきたいと思う。ファクトチェックは、ネットでの展開が主力と考えてもよい。

瀬川至朗さん

古田　日本の主流派の新聞やテレビ、通信社、出版などのメディ

古田大輔さん

アはファクトチェックに対して積極的ではなかった。海外は政治家を中心とする有力者の発言に対するファクトチェック、ネット上のデマの検証という二つの軸で進んできた。現在は二つの軸が重なり合ってきている。

　だが、日本は政治家の発言に対するファクトチェックは「選挙報道における中立・公平性」でほとんどしないし、ネット上の言説も軽んじている。海外で発展した二つの軸について、両方とも日本の新聞社とテレビ局は及び腰だったことが、日本でファクトチェックが発展しなかった大きな理由だ。

　それに対して、琉球新報などがファクトチェックを始めたのは象徴的だ。沖縄に対して繰り返しデマの情報が流れ、そのデマが真実かのように語られ始めた。それを目の当たりにすると恐怖感を覚える。その恐怖感をどれだけ日本の新聞社、テレビ局で働いている人たちが共有できているのか。ネット上で広がる操作された情報への脅威を一番感じているのは沖縄の人たち、メディアだと思う。

倉重　分量と質は高いと思った。知事選と県民投票でファクトチェックをやった意義は大きかった。フェイクニュースによって投票結果が左右される可能性がある選挙だった。

　朝日新聞の調査で（世論調査に）差が付いているという情報について、朝日新聞に問い合わせて記事にしていた。だが、いつ、どういう形で、どういうデータで出回ったのかという記述が見当たらなかった。

　安室奈美恵さんが故・翁長雄志前知事の後継候補を支持するという情報の検証記事について、安室さんは追悼の言葉を寄せたが、翁長氏を積極的に支援する表現は確認できなかったとした。事実関係はよく分かったが、安室さんがどういうレベルのコメントをしたのか、追悼のコメントが知りたいと思った。

事実関係をチェックしているが、安室さんの肉声が取れた方がよかったのではないか。面白かったのは沖縄フェイクを追う中で根元に対して調査報道をしている。どこまで突き詰められたかということもあるが、その経過が面白く、ダイナミズムな取材を感じた。

【ファクトチェックの課題】

文字数、紙幅に限界も＝古田　制約の中、役割果たす＝倉重

瀬川　「虚構のダブルスコア」の記事（２０１８年９月８日付）についてコメントしたい。ＦＩＪのファクトチェック・ガイドラインは、検証の対象について「不特定多数者に公開され、社会に影響を与える可能性のある言説とします」と規定している。世論調査の情報が一部の人の間で、言葉だけで回っているのか、それとも多くの人が共有する情報なのかという点で、対象となるかどうか変わってくる。

古田　この案件は、少なくともツイッターで出回っていたので対象言説にはなっていると思う。ただし、ウェブならば文字数制限がないから書けるが、新聞の文字数で書くのは大変だと思う。

ファクトチェックはある程度書き込む必要があるし、丁寧に状況を書かないといけない。「これが真実ではない理由は、こういうことです」という裏付けも書かないといけない。そうすると２千字、３千字は簡単に使う。新聞で２００行の記事を毎日出せるかというと出せない。日本において、ファクトチェック

倉重篤郎さん

が広がらない理由の一つではないか。文字数を最初に考えてしまう。

島　記事はかなり添削し、常時ネットメディアに触れているわけではない読者向けに説明するのは、すごく大変だった。指摘のように尺（紙幅）の壁はあると思う。

倉重　選挙に対する報道はタイムリミットがあり、時間との勝負。そう考えると、制約の中では（報道は）それなりの役割を果たしたと思う。

古田　そこは素晴らしいと思う。投開票日締め切り後、翌日が日本の新聞やテレビは最も詳しい。バズフィードは投票する人に適切な情報を与えたいので「締め切り後と翌日に頑張るのではなく、その前に頑張ろう」とよく話をする。

倉重　確かに新聞は違う。その間（選挙期間）は政局と、結果を間違えないように報道をする。

瀬川　それがフェイクの情報を流させている温床になっている。何かを取り上げると「一方に不公平だ」となり、書かない。そうすると、間違った情報が流通し、有権者が真に受けて投票するという問題がある。公選法は「間違った情報を流さない」ということを言っている。その点で試みは良かった。

【ファクトチェックの展望】

報道立証する手段に＝倉重　新聞の新たな使命へ＝瀬川　地方メディアに期待＝古田

島　テレビや新聞などメディアに不信感もあると言われる。ファクトチェックを含め、どのような報道姿勢が求められるか。

倉重　構造的な問題として、ネットがここまで発達し、伝播力があることからすると、自らの報道の正しさを立証する手段として、ファクトチェック報道を続けていかなければならない気がしている。大手新聞社の編集幹部にファクトチェックの態勢を取らないのかを聞いたが、社内にはやるべきだという声もあるが人的態勢まで至らなかったとのことだ。しかし、それは一部の記者を割けばいいだけであり、それがまた実はニュースにもなる。

ファクトチェックは大きい意味では事実検証だ。事実検証はわれわれの一番大事な仕事だ。本来必要な部分であることを再認識しつつ、それぞれのメディアが特徴を理解して、自己正当化できるようなシステムをつくりあげていくべきだと思う。

瀬川　私が記者をしたのは１９７８年からだった。その頃の新聞社は「新聞社が流しているから信じろ」という態度で報道をしていた。

公的な情報、企業の情報も基本的にはメディアに集まり、そこから流れた。情報を独占的に扱っていた面もあると思う。２０１９年の現在、周りは大きく変わったが（既存メディアは）まだその考え方が強い感じがする。どう変えたらよいのかが分かっていない部分がある。

一番重要なのは、信頼を失っているという読者に透明性を見せることだ。（取材の）方法も見せる。間違った場合には迅速に訂正し、なぜ間違ったかを明らかにする。その大きな柱となるのがファクトチェックだと思う。メディアがファクトチェックをすることに消極的な理由として、自分たちもリスクを取らないといけないというためらいがあるのではないか。大量の真偽不明の情報に対してメディアが検証に取り組むことは、これからの新しいジャーナリズムの重要な形だ。使命といってもいいと思う。

古田　新聞、テレビなどとネットを分ける必要は全くない。情報の流通、フェイクニュースの主な舞台はインターネットだ。新聞紙やテレビ番組を見ている人の平均年齢はものすごく上がっている。10～40代に情報を届けるにはネットしかない。

私も理事に入っているが、4月に立ち上がったインターネットメディア協会は「ネットに情報を発信しているメディア」を対象としていて、新聞社もテレビも出版社もインターネットメディアという考え方をしている。協力してネット上でよりよい情報発信できるような環境づくりを考えていきたい。

フェイクニュースは広がり続け、なくなることは絶対にない。そこと闘うときに期待できるのは、情報に関してプロフェッショナルの新聞社やテレビ局だ。ただし、その場所をネットでやらないといけない。ネットで情報を発信し、そのエッセンスを紙にすればよいだけだ。

一番は地方メディアに期待している。ウソの情報が山ほどある中で、なぜこの情報を、なぜこの人を検証対象にするのかということを大手メディアで社内を説得するのは難易度が高いが、地方メディアならできる。地方に住んでいる人たちはそこを求めているのではないか。

【沖縄の状況】
デマは県外で発生、拡散＝古田　安保批判の姿勢と関連＝倉重

島　沖縄に対してヘイト的な言説、基地問題に関する誤った言説が流れる。

古田　米ファクトチェック団体ファースト・ドラフトのクレア・ウォードル氏は「政治的な争点になりがちなものは、ゆがめられた情報が流れがちだ」と指摘している。それがまさに沖縄なんだろうと思う。基地問題の議論で政治的争点がある。だからこそ繰り返しゆがめられた情報が流される。ウォードル氏は対抗する手段は同じようにファクトチェックを続けるしかないと言っている。

差別や、少なくとも沖縄を違った目で見るような目線があるのではないか。そこが操られた情報のデマが沖縄に対して絶えず出続ける理由なのではないかと思う。沖縄に対する誤った情報が流れるときは、沖縄以外のところが発生源になって、沖縄以外のところで拡散している。でもそれは最終的に逆輸入されて沖縄の人たちにまで影響を与え始める。沖縄のメディアだけではなくて（東京在の）われわれも真剣に取り組まなければいけない。

瀬川　沖縄に対するフェイクが増えているのは事実だと思う。嫌中、嫌韓というものと深く結びついているとも思う。日本はフェイクニュースが少ないようにも一見捉えられているが、かなり断定的な情報、偏った情報が根拠無く流れている。ネットの情報を見ると、対象とすべき真偽不明の情報はかなり大量にあると思っている。

沖縄は集中してデマが起きてきた場所だ。かつそこで、メディアが日本の中では先駆けて（ファクトチェックに）取り組んでいる現実がある。気付いていないだけで、全国的にも（フェイクニュースは）あると思う。

倉重　なぜ沖縄でフェイクがあり、ファクトチェックの先進県になったのか。一つ考えると、沖縄県紙の2紙体制があり、国策における安全保障政策に対して、国からすれば協力的ではない、批判的であるということと無縁ではないと思う。政策を遂行していくためには、どうしても民主的なバックグラウンドが必要であって、それを少しでも自分たちの都合の良い方に持ってくるために、選挙が大事となる。

私の推測であるが、選挙の時にそういうものを使って有利な方に近づけるということを権力としてはしているのではないか。おそらく（フェイクニュースは）東京発のものがほとんどだと思う。資金源などを突き詰めていくことも必要となる。

瀬川　複数のメディアが、コラボレーションをして検証していく手もある。

【ネット発信】

読者と関与する必要＝古田　真実の輝きを伝えて＝倉重

滝本　まん延しているフェイクニュースが読まれた数と、ファクトチェックの記事が読まれた数を比較すると、圧倒的にフェイクが多い。フェイクの数を上回らないと届かないのかもしれない。ネットの中でどう届けるのか。

古田　特にそれは記者個人だけではなくて、編集局のトップの戦略を立てる人が考えないといけない部分だ。この記事の見出しを読者に届けるために、あらゆる手法を使う。それは自社のウェブサイトもそうだし、ツイッター、フェイスブック、インスタグラムなど多くのプ

滝本　匠さん

ラットフォームを理解して、配信をして、届けるための戦略をきちんと考えないといけない。読者との間に関与を生み出すところまできちんと考えないといけない。「書いたらあとは読め」という感覚がまだまだあると思う。それでは読んでもらえない。

瀬川　フェイクニュースはリアルニュースより拡散力が強いということが実証されている。「ポスト真実の時代」と言われる。真実よりも自分が信じているものをシェアするというのは、今はSNSだが、昔は口伝えで広がっていた。ポスト真実は別に今の時代だけではないと認識した方がいい。

一方でネットの時代は、自分たちが発信者に簡単になれる。曖昧な情報は過去から今までいたるところにあったんだと思う。むしろ今は検証しやすい時代で、さまざまな情報が出てきても「本当か」と調べることができる。それをジャーナリズム、メディアがやっていくということが重要だ。

倉重　インターネット市場の需給関係だと思う。うそと真実と、どちらがより売れるのかというと、過去も今もうその方が面白い。人を傷つけたりしているものもあった。しかし真実の価値も捨てたものではなくて、ネットの時代は、真実もまた早く世界に伝わっていく可能生もあると思う。

真実の輝きが世の中を変えるかもしれないという楽観的な期待感を持ってこの時代を乗り切っていくしかない。（全国にいる）2万人の記者たちが、ネット社会も監視するという社是を対策としてとって、新聞協会がそこをチェックするようになればまた変わるのではないか。

【海外の状況】

各種メディアで浸透、米国　大学とマスコミ連携、韓国＝瀬川

島　ファクトチェック・イニシアティブ（FIJ）は4月、情報を9項目に分類する基準を打ち出した。他国と比較して国内のファクトチェックの状況はどうなっているのか。

瀬川　米国では政治言説を中心にしたファクトチェック専門の団体や、都市伝説を含めて広くやっているファクトチェックのサイトがある。米紙ワシントン・ポストはピノキオのマークを使ってファクトチェックの判定をしているし、CNNなどはトランプ大統領が一般教書演説などをする時にはリアルタイムでファクトチェックを試みている。かなり浸透して進んでいる。

韓国はソウル大学にファクトチェックセンターができ、大手メディア、ネッ

メーターによって事実かどうかを判断する、韓国ソウル大学ファクトチェックセンターのホームページ

トメディアも含めて入って大きなグループで記事をネット公開している。統一基準を作り正誤の「メーター」でファクトチェックを表す形でやっている。アジアには政権が言論に対して攻撃したり、政権の方がフェイクニュースを流したりする国があるので、そういう国々ではファクトチェックのセンターが機能している。

日本は残念ながら、まだまだだ。バズフィードは積極的に取り組んできているし、朝日新聞も以前、政治の言説をファクトチェックしていた。琉球新報が本格的に去年の秋から取り組んでいることは画期的で、他のメディア、新聞社からも勉強させてほしいということで来る。その動きはFIJが期待していたことだ。FIJはメディアパートナーという仕組みをつくって琉球新報も入っている。次の参院選などで、より大きな動きになっていくと期待している。

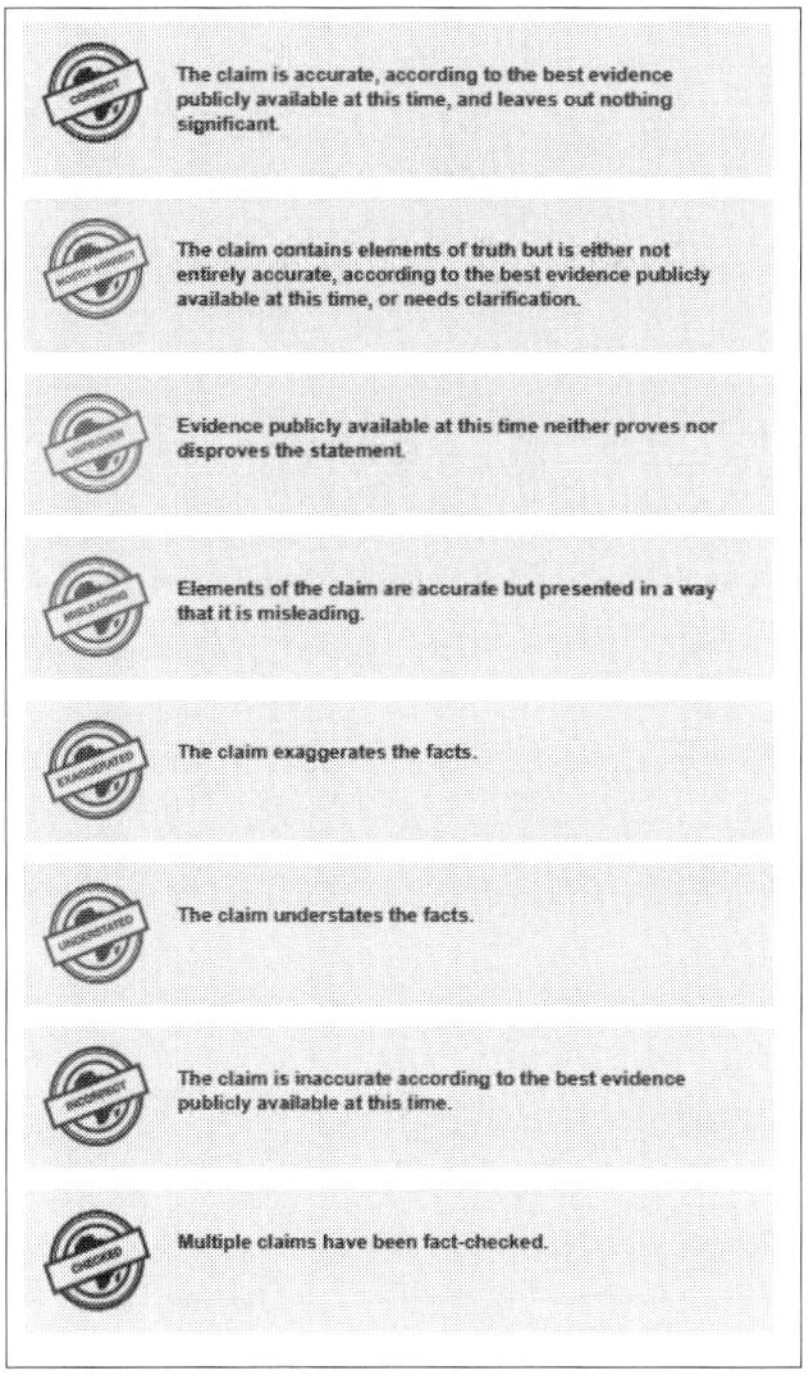

「事実が誇張されている」「ミスリード」など8つの基準を示した「アフリカチェック」の基準（アフリカチェックのホームページより）

　FIJは情報の判定基準（レーティング）を設けた。世界には、さまざまな判定基準がある。一番単純なのは○、×、△で示すやり方。あるいはメーター制で示しているところもある。アフリカでは「アフリカチェック」という組織が八つの基準を設けている。
ファクトチェックって「どうやっていいか分からない」という声がある。ＦＩＪが推奨の判定基準をつくる必要があるだろうということで正確、不正確、誤りだけでなく、ミスリード、根拠不明、判定留保などを含めた基準を打ち出した。多くのメディアにとって分かりやすく、使いやすい基準ができたと思う。

【選挙報道】
事実に基づき評論を＝倉重　根拠明かし問題共有＝瀬川

島　選挙ではメディアの公平性、公職選挙法の問題がかなり求められている。

倉重　公示から投票日までは選挙報道の穴になっている。公選法に従って平等を欠くと思われるようなことは慎まないといけないと刷り込まれている。
以前、政策評価をするＮＧＯと新聞社が提携して、各党の政策評価を分かりやすく点数付けで実施し、読者に提供しようという試みをしたことがあるが、（政党から）「点数化しているけど、それはあくまでも新聞社とレーティング団体の主観だろう」とクレームが付いたこともあった。

古田　日本新聞協会が１９６６年に出した統一見解は公職選挙法１４８条を巡って、「一般的な報道、評論を制限するものでないことは自明であり、事実に立脚した自信のある報道、評論が期待される」としている。評論が期待されている。これが新聞協会の見解であり、裁判の判例であり、関係省庁の見解だ。なぜかこの見解が50年間無視されてきた。

島　洋子さん

バズフィードで選挙のファクトチェックを始めた時に、新聞社の何人かに「有権者の投票行動に影響を与えてしまうのではないか。責任をどうするのか」と言われた。有権者に影響を与えないようにどうやって書くのか、それは不可能ではないか。

A候補とB候補がいると仮定し、B候補が多くのうそを言っている。そのときにB候補が「うそを言っている」と書かなかったら報道機関として責任を放棄しているのと一緒なのではないか。ある候補が悪いことをしたら「ある候補は悪いことをしている」と書くのが中立、公平、客観の立場なのではないか。

瀬川　ファクトチェックは根拠を持って言説の真偽を評価する。つまり、その評価を「どのような理由で出てきているのか」を明らかにするやり方できちっとすれば、その問題は共有され、可能な限り客観的になっていくということだ。評論も単なる言いっ放しではなく、事実に基づいて評論する。事実に基づいて、根拠に基づいて意見を言うことが必要だ。

倉重　(新聞の選挙報道で)平等は必要だと思うが、事実に基づき表現を担保した評論、分かりやすくて本質的なものはもっと多く読者に提供するべきだ。その観点からすると今回の(県知事選での)ファクトチェック報道はやっぱり付加価値を高めたのではないか。争点になるかもしれない問題について、事実関係をチェックして一定の決着を付けるという意味では大いにされるべきことだ。

参院選などで「これは本当なのかどうなのか」という話も出てくる可能性もある。分かる範囲で、段階ごとに分かったことは手の内をさらしていくということが、これからの流れになるのだろう。ネットなどで（情報が）どんどん出ていく。対抗するわけじゃないが、並んでいくためにはそういう報道が必要になってくる。問題意識があれば積極的に取材して、白か黒かを明らかにする。そういうことは行われるべきであると思っている。

＊公職選挙法第１４８条
「新聞紙または雑誌が、選挙に関し、報道及び評論を掲載する自由を妨げるものではない。但し、虚偽の事項を記載し又は事実を歪曲して記載する等表現の自由を濫用して選挙の公正を害してはならない」と規定している。「表現の自由を濫用して選挙の公正を害してはならない」という規定が、選挙報道でメディアによる積極的な報道が少ない理由だとの指摘もある。

【判定する基準】
検証しながら議論も＝瀬川　ガイドラインが必要＝古田

島　ファクトチェック報道は手探りで、紙面に出すことに値するのかとデスク会議で話し合われた。

滝本　玉城デニー候補が「過去に大麻を吸っていた」という情報について「大麻を吸ったか否か」の客観的事実を見つけることの難しさを痛感した。

島　デスク会議で「逮捕歴がない」ということもどう証明するのかという意見も上がった。

滝本　情報はかなり広まっていた。記事としては「真偽不明」「うそとも正しいとも分からない」「根拠もない」として、国会議員という拡散力のある人が広めていることをまとめた。ファクトチェックという体裁ではなくても、なんとか記事にしたいとの思いで取材を進めた。知事選時は、真か偽かという判定だけで記事を検討したが、ＦＩＪのレーティング（判定基準）も参考に、「ミスリード」「根拠不明」の情報を含めて分析する基準を新年号でまとめた。

瀬川　ＦＩＪの基準は、国内におけるこれまでのファクトチェックの実践例を検証しながら「この判定どうなの」ということを議論し、積み重ねてつくった。ある意味、ファクトチェックも進化する要素はあると思う。例えば大麻疑惑の事例も「根拠なし」とするのか「根拠不明」となるのかで、印象が随分と異なる。ＦＩＪの基準は提案したものであり、それを基に考えて基準を一部変えていくのもいい。

FIJの基準（9分類）

正確 事実の誤りはなく、重要な要素が欠けていない

ほぼ正確 一部は不正確だが、主要な部分・根幹に誤りはない

不正確 正確な部分と不正確な部分が混じっていて、全体として正確性が欠如している

ミスリード 一見事実と異なることは言っていないが、釣り見出しや重要な事実の欠落などにより、誤解の余地が大きい

根拠不明 誤りと証明できないが、証拠・根拠がないか、非常に乏しい

誤り 全て、もしくは根幹部分に事実の誤りがある

虚偽 全て、もしくは根幹部分に誤りがあり、事実でないと知りながら伝えた疑いが濃厚である

判定留保 真偽を証明することが困難。誤りの可能性が強くはないが、否定もできない

検証対象外 意見や主観的な認識・評価に関することであり、真偽を証明・解明できる事柄ではない

古田　「あれはフェイクニュースだ」と言い合うだけだと、読者からは、互いにレッテル貼りをしているように見えてしまう。例えばトランプ米大統領はニューヨーク・タイムズなどをフェイクニュースと言っているが、ニューヨーク・タイムズなどは大統領の発言は間違いだと言っている。「どこがどう間違っているのか」を書かないと、互いの言い合いにしか見えない。

読者に信頼してもらうためには、根拠に基づいた一定の基準で行動していることを読者に信じてもらわないといけない。そのためにもガイドラインが必要だと思う。報道の一定のルールは100年かけてつくりあげられてきた。例えば「きちんと引用元を掲載しましょう」ということなど。同じようにファクトチェックが世界で広がる中で一定の基準が出来上がってきている途中だろうと思う。

【琉球新報の判定基準】
グレーの情報を4分類

「フェイクニュース」という言葉は一般化し、広く知られるようになってきたが、フェイクニュースの中には「事実自体がそもそも存在していない情報」「一部は合っているけれども、大部分が誤っている情報」などさまざまな言説が存在している。

2018年9月の県知事選挙は、インターネットを中心にそれらの「情報」が大量に流された。それを国会議員や首長経験者など、社会的に影響力のある者がツイッターやフェイスブックなどの会員制交流サイト（SNS）で投稿したこともあり、瞬く間に広がっていった。

琉球新報の情報判定基準（4分類）

偽情報 取り上げられた事柄がそもそも存在していない情報

誤情報 事実に誤りのある情報

根拠のない情報 取り上げられた事柄が事実と証明する根拠のない情報

不正確、ミスリーディングな情報 誤りがあるとまでは言えないが、正確ではない情報や誤解を生じかねない情報が含まれている

一方、知事選期間中に流れたさまざまな「情報」を一つ一つ検証していくと、「正しい」「間違い」だけで判断できない情報もあふれていることが明らかとなった。それらの情報は通常のニュースよりも速く、広く拡散される傾向もあった。

琉球新報のファクトチェック取材班は、白か黒かで分けられない「グレーの情報」を拾い上げて検証するためには、その情報がどういった質のものなのかを分類し、基準を明確化する必要があるとの立場から、19年1月1日付新年号で四つの基準を打ち出した。

情報を分類する基準として、①取り上げられた事柄がそもそも存在していない情報　②事実に誤りがある情報　③取り上げられた事柄が事実と証明する根拠のない情報　④誤りがあるとまでは言えないが、正確ではない情報や誤解を生じかねない情報――の四つに分けている。

それらを「偽情報」「誤情報」「根拠のない情報」「不正確・ミスリーディングな情報」として分類し、今後のファクトチェック取材にも生かしていく考えだ。

＊公職選挙法第１４８条に関する日本新聞協会編集委員会の統一見解（要旨）

１９６６年12月8日

第１４８条は、新聞が選挙について報道、評論する自由を大幅に認めている規定である。この報道、評論の自由を個々の記事の具体的扱いにあてはめてみると、従来の選挙訴訟をめぐるいくつかの判例でも明らかなように、はじめから虚偽のこととか、事実を曲げて報道したり、そうしたものに基づいて評論したものでない限り、政党等の主張や政策、候補者の人物、経歴、政見などを報道したり、これを支持したり反対する評論をすることはなんら制限を受けない。そうした報道、評論により、結果として特定の政党や候補者にたまたま利益をもたらしたとしても、それは第１４８条にいう自由の範囲内に属するもので、別に問題はない。いわば新聞は通常の報道、評論をやっている限り、選挙法上は無制限に近い自由が認められている。したがって、選挙に関する報道、評論で、どのような態度をとるかは、法律上の問題ではなく、新聞の編集政策の問題として決定さるべきものであろう。

従来、新聞に対して、選挙の公正を確保する趣旨から、ややもすれば積極性を欠いた報道、評論を行ってきたとする批判があった。このことは同条ただし書きにいう「……など表現の自由を濫用して選挙の公正を害してはならない」との規定が、しばしば言論機関によって選挙の公正を害されたとする候補者側の法的根拠に利用されてきたためだと考えられる。

しかし、このただし書きは、関係官庁の見解あるいは過去の判例によっても明らかなように、一般的な報道、評論を制限するものでないことは自明であり、事実に立脚した自信のある報道、評論が期待されるのである。

番外編

■2019・7・18【金口木舌】

✺明日の天気は変えられるか✺

中国・宋の猿回しが、食事のトチの実を朝三つ夕四つにすると言うと猿たちが怒るので、朝四つ夕三つにしたら喜んだ。目先の違いに惑わされ、本質に気づかないことを表す故事「朝三暮四」だ。

今回の参議院選挙で数字や説明にマジックはないか。琉球新報はファクトチェックを継続している。選挙前から政治家の発言のファクトチェックを毎日新聞や朝日新聞、東京新聞も展開している。

選挙中の事実検証はもちろんだが、政治家の公約はどうなったのか選挙後に確認することも次の投票時の判断材料になる。鍵となる要素の一つが、候補者の政見などをまとめた選挙管理委員会配布の選挙公報だろう。

公職選挙法で衆参両院議員選と知事選で発行が義務付けられている。だが選挙後の取り扱いに定めがなく、毎日新聞によると、沖縄県などを除き半数の都道府県が選挙後にホームページから削除している。

「選挙が終わっても選挙公報を消さないで」と選挙公報を活かす会が総務省に1万7600筆の署名とともに要望を提出した。「忘れることは喪《うしな》うこと」と喝破した政治学者の岡野加穂留氏は、民主主義の命運を巡り「明日の天気は変えられないが明日の政治は変えられる」と有権者に希望を託した。

「朝三暮四」には口先でうまく人をだますという意がある。だまされないために、有権者にできることは何か、改めて考える。

◆——あとがき

ファクトチェック・フェイク監視、これからも

2019年の1月1日から21日まで、計17回にわたって琉球新報で掲載した連載「沖縄フェイクを追う～ネットに潜む闇」は、社会部の池田哲平、中部報道部の安富智希《やすとみともき》の2人が、2018年11月から2カ月にわたって専従で取り組んだ取材成果を読者に提供したものだ。2人の取材を東京報道部長の滝本匠《たくみ》、デジタル編集部長の宮城久緒が加勢して支え、当時、報道本部長だった私は統括デスクとして取材班への取材指示、記事の手直しなどで関わった。

この本の「あとがき」は主にこの連載について振り返りたい。

ファクトチェック取材班が発足したのは18年の11月初旬だった。ネット空間に広がる暗闇から、沖縄を標的に次々と撃ち込まれる偽（フェイク）と憎悪（ヘイト）にまみれた言説を誰が流しているのか。それが知りたくて、取材班が発信源をたどる取り組みを始めた。池田、安富の2人の若い記者が東京など県外に何度も足を運んだ。

取材班5人でつくったLINEグループは、現地に出向いた記者からの報告や現地の写真、デスクの取材指示などの書き込みが増殖を続ける場となった。

その結果、私たちは当初に想定していた目的を達成できたのだろうか――。

そう問われれば、答えは否だ。

闇に隠れて偽情報と憎悪をネットで流布《るふ》する者たちを追い掛ける私たちの取材は、必ずしも成功したとはいえない。あるサイト管理者はまったく正体を突き止めることができなかった。別の管理者は氏名や連絡先などが判明したものの、取材を拒否されたまま接触することはかなわなかった。結局、直接取材ができた発信源の中心人物は1人もいない。当事者にたどり着けないもどかしさばかりが募った取材だった。

それでは取材は敗北だったのか。

決してそうは思わない。取材班は可能な限りの取材を尽くした。周辺取材を徹底し、東京の拠点など当事者と結びつきそうな場所には何度も足を運び続けた。棒に振る取材も多かったが、わずかな手がかりを見逃さず、当事者につながる人間などに次々とたどることができた。

その結果、正体不明の者たちの情報拡散の意図や目的を少なからず浮かび上がらせることができたと思っている。

連載記事では私たちがたどり着けなかった事柄も含めて正直に記し、取材の軌跡をありのまま読者に届けようと決めた。さらに記事では高齢者などネットに縁がない人々にも理解できるよう、専門用語をかみ砕いて文字にするよう心掛けた。このためネットに慣れ親しむ記者たちが書き上げた原稿は、最初の読者でもあるデスクの私による書き直しや追記を指示するボールペンの文字で赤く染まった。

今回の連載を端的に表現するとすれば、「匿名VS実名」ということになる。

闇の中に身を潜ませたまま、決して表に出てこない取材相手に対して、取材班は自らの正体を明確に示した上で、実名で挑み続けた。連載には執筆した記者の氏名を明記したし、連載終了後に掲載した記者座談会は全員が発言を実名で記し、取材部屋に集まった取材班5人の写真も掲載した。そしてこれらの記事は紙面だけでなく、琉球新報のホームページでも全文を掲載した。

「炎上」を覚悟しながら、私たち取材班は氏名と顔をさらしたのだ。本書もそれに準じている。その目的は取材班として一つのメッセージを発することにあった。それは「私たちは逃げも隠れもしない。正々堂々とあなた方と向き合う用意がある」という意思を相手側に明確に示すことだった。有識者からなる琉球新報の「読者と新聞委員会」では、委員から連載について多くの意見を寄せてもらった。

「匿名で責任を負わず何でも言いっ放しというフェイクニュースを、責任を取らなければいけない現実世界の言論に引き込んだ。リスクがあると分かった上で、記者の顔と名前を出して追及していくことは有効だった」「新聞の原点である調査報道と新しさがつながっていて、(フェイクの発信源に)乗り込んで正体を明らかにしていく記者魂も良かった。立ち向かってくれる言論機関が身近にあるのはとても勇気づけられた」などの評価をいただいた。

委員の率直な意見は、取材班の意図が読者に届いていることを実感させてくれた。

報道の世界はアナログからデジタルへと拡大し、取材記者はこれまで以上に多角的な取り組みが求められていると言われている。しかしこの連載で取材班が痛烈に実感したことは、取材の原点は今後も変わらないということだった。

事実を積み重ね、取材対象に肉薄する作業を愚直に繰り返すこと。これなくして調査報道の頂に登りつめることはできないという、極めてシンプルな答えを噛みしめた。

琉球新報のファクトチェックの取り組みは始まったばかりだ。今回の連載はひとまず終え、単行本にすることができたが、これからも追跡と監視を続ける取材は止むことはない。

そして書籍化に向け、いつにも増して的確な助言をいただいた高文研の山本邦彦さんにこころから感謝したい。

２０１９年７月

琉球新報社読者事業局特任局長・出版部長　松永　勝利

❋ファクトチェック報道❋
＝執筆者一覧＝

■池田哲平（いけだ・てっぺい）

■黒田　華（くろだ・はな）

■嶋岡すみれ（しまおか・すみれ）

■島袋良太（しまぶくろ・りょうた）

■清水柚里（しみず・ゆり）

■滝本　匠（たきもと・たくみ）

■玉城江梨子（たまき・えりこ）

■中村万里子（なかむら・まりこ）

■仲村良太（なかむら・りょうた）

■宮城久緒（みやぎ・ひさお）

■安富智希（やすとみ・ともき）

■吉田健一（よしだ・けんいち）

◈デザイン部

■相　弓子（あい・ゆみこ）

■濱川由起子（はまかわ・ゆきこ）

[50 音順]

琉球新報【琉球新報社】

1893年9月15日に沖縄初の新聞として創刊。1940年、政府による戦時新聞統合で沖縄朝日新聞、沖縄日報と統合し「沖縄新報」設立。戦後、米軍統治下での「ウルマ新報」「うるま新報」を経て、1951年のサンフランシスコ講和条約締結を機に題字を「琉球新報」に復題。現在に至る。

各種のスクープ、キャンペーン報道で、4度の日本新聞協会賞のほか、日本ジャーナリスト会議（ＪＣＪ）賞、石橋湛山記念早稲田ジャーナリズム大賞、平和・協同ジャーナリスト基金賞、新聞労連ジャーナリズム大賞、日本農業ジャーナリスト賞など、多数の受賞記事を生んでいる。

琉球新報が挑んだ ファクトチェック・フェイク監視

●二〇一九年九月一日――第一刷発行

編著者／琉球新報社編集局

発行所／株式会社 高文研

東京都千代田区神田猿楽町二―一―八
三恵ビル（〒一〇一＝〇〇六四）
電話 03＝3295＝3415
振替 00160＝6＝18956
http://www.koubunken.co.jp

印刷・製本／シナノ印刷株式会社

ISBN978-4-87498-697-4　C0036